Eucharistic Reflections
THE LIFE OF THOMAS
RECESS STUDIES

BOOKS
MAKE A
HOME

素敵な蔵書と本棚

ダミアン・トンプソン 著
田中 敦子 訳

economics
Aerodynamics
The Economist Atlas
BOOK OF THE CAR
POIRET
THE TIMES ATLAS OF THE WORLD
ESSENTIAL HOUSEBOOK
Kitchens
bookkeeping
Unforgettable

素敵な
蔵書と本棚

本を愛する人にとって
家中の空間全てが
本の装飾に

GAIA BOOKs

ガイアブックスは
地球《ガイア》の自然環境を守ると同時に
心と身体の自然を保つべく
“ナチュラルライフ”を提唱していきます。

本の醍醐味を教えてくれたキットとロジャー、
いつも手元にしおりがあるピーターに捧ぐ

Designer Paul Tilby
Editor Rebecca Woods
Picture research Emily Westlake
Head of production Patricia Harrington
Art director Leslie Harrington
Publishing director Alison Starling

PHOTOGRAPHY CREDITS
Front jacket by Polly Wreford
Back jacket: above left by Chris Everard,
above right by Winfried Heinze,
below left by Chris Tubbs,
below right and spine by Debi Treloar
Inside flaps by Catherine Gratwicke
Author photograph by Michaela Ehlbeck

Published in 2011 by
Ryland Peters & Small Ltd
20–21 Jockey's Fields
London WC1R 4BW
519 Broadway, 5th Floor
New York, NY 10012
www.rylandpeters.com

オランダを拠点とする〈スタジオパレード〉のユニット式「ペーパーバック」ウォールシステム。限られた壁面を利用して、本やオブジェを横向きに収納するためにつくられた。ウォールパネルと13枚のスライド式棚板で構成される各ユニットには、それぞれ約80冊が収納可能。

目次

前ページ：落ち着きのあるロンドンのインテリア。アルコーブの書棚を縁どるアーキトレーヴが、暖炉飾りやコーニスのクラシカルな雰囲気に溶け込んでいる。

右：ドイツの博物学者、アレクサンダー・フォン・フンボルト（1769-1859年）の書斎。偉人の胸像、地球儀、地図や版画を収めた机、奥に見える望遠鏡など、伝統的な書斎の特徴を備えている。

下：アイルランドのラオース州ストラッドバリーホールの図書室。書庫がダンスルームと兼用になっている時は、書棚にガラス扉をつければ、踊る貴婦人のクリノリンドレスから貴重な初版本を保護できる。

はじめに

「わずかでも金があれば、わたしは本を買う。それでも残ったら、食べ物と服を買う」——われわれの注意をあの手この手で引きつける刺激的な娯楽が現れては消えてゆく昨今、ルネサンスの人文主義者エラスムスのこの言葉を実践する人は、そういないかもしれない。それでも書物はさまざまな形で人生を豊かにしてくれる。本があるからこそ、人はアームチェアでくつろぎながら、世界をめぐり、技術を習得し、過去にさかのぼることができる。アンソロジストのアルベルト・マングェルは、読書を自己の発見と世界の探求において進むべき道を示す羅針盤になぞらえた。他人の書棚は、その人の関心や性格を知る手がかりとなる。われわれが蔵書をなかなか捨てられないのも、それを自分の分身のように思っているからだ。ベンジャミン・フランクリンはみずからを、その死後に神によって編集される1冊の書物であると表現した。われわれが本にこだわる理由はほかにもある。それは、カナダの小説家ロバートソン・デイヴィスの言葉を借りれば、「名建築が朝の光で鑑賞し、昼の光で堪能し、月明かりで愛でるべき対象であるように、真の名著は青年期に一読し、壮年期に再読し、老年期にもう一度読むべきもの」だからである。しかし書物を「手に入れたら手放さない」でいると、収納とディスプレイの問題に直面する。それは都会のモダンなロフトでも、連棟式のヴィクトリアンハウスでも、ジョージアン様式の邸宅でも、われわれがどこに住んでいようと変わらない。

アームのバランス感が絶妙なアングルポイズランプ、ヴィクトリア様式の鋳鉄製ラジエーター、鏡板付き折れ戸、あるいは機能的なレザーソファー ――無駄のないフォルムの上質なデザイン。作りつけ本箱の不揃いな棚のラインが、簡素なスキームにダイナミックな意外性を添えている。

次ページ上：最上段と最下段（CDを収納）が最も狭く、中段が最も広くなった特殊なデザインのミラノの図書室。いずれにしても、直射日光を浴びるのは大切な本ではなく、気持ちよさそうに横たわるブッダ。

次ページ下：モールディングがこれほど洗練されていれば、色彩はむしろ邪魔。円柱のフォルムのような均整のとれた本箱。大理石の胸像と歯飾りのコーニスがクラシカルな印象を高めている。

破壊者VS崇拝者

本書は、あらゆるスペースや趣味、蔵書量に応じた本の収納デザインを文と写真で紹介するガイドブックである。一般的な住まいの各部屋をめぐりながら、本のさまざまな収納テクニックをわかりやすく解説していく。とはいえ、本の収納・ディスプレイ・整理の仕方は、当然ながらインテリアデザインだけで決まるのではなく、個人の性格にも左右される。一部の人間にとって本は、紙と布と厚紙と糊と糸のたんなる塊であり、神聖な言葉を収めるありふれた入れ物にすぎない。ここで触れているのは、ページの隅を折り、指を舐めて新しいページをめくる罪深き者たちのことである。かくいうわたしもその1人で、たとえば従兄——筋金入りの蔵書家——の家に遊びにいった時のこと、わたしがいつもの悪い癖で読みかけのペーパーバックを伏せたまま席を立つと、いつのまにか本がきちんと閉じてあり、しかるべき箇所にしおりがそっと挟んである。われながら恥ずべき行為だと思うが、冒瀆者はわたしだけではない。化学者のサー・ハンフリー・デービーは本

を読了するとページをむしり取っていたし、『サミュエル・ジョンソン伝』の著者ジェイムズ・ボズウェルは、偉大なる辞書編集者ジョンソンが庭師の無骨な手袋をはめて古い蔵書の埃をはたいているところに出くわしたと書いている。こうした罪びとたちの対極にいるのが、純粋主義者《ピュアリスト》たちだ。温度と湿度が管理された書庫をもつ彼らは、崇拝物たる書物を丹念に分類し、棚にきれいに並べ、キッド革の手袋をはめた手で恭しく扱う。ジャーナリストのアン・ファディマンは著書『蔵書票《エクスリブリス》』(邦題『本の愉しみ、書棚の悩み』草思社)のなかで、「装丁が色あせることをおそれて」妻に日没までブラインドを上げさせないというニューヨーク在住の蔵書家の話を紹介している。投資アナリストをしているその蔵書家は、「気に入った本は少なくとも2冊は購入して、ページがめくられるというストレスにさらされるのは1冊だけにとどめておく」という。

書物の終焉？

あなたがどちらの陣営に――あるいはその中間に――みずからを位置づけるとしても、このデジタル時代に書棚や本箱に投資することに、はたして意味があるのだろうか？　電子ブックリーダー「キンドル」に、およそ1500冊分の書籍が収容できる現在、われわれの蔵書は埋立地に向かう運命にあるのかもしれない。グーテンベルクによる活版印刷術の発明（1439年）以来、出版業界が最大の変革期を迎えているのは事実だが、一部でささやかれる「書物の死」は多分に誇張された話である。英国では、去年だけでもおよそ8万冊の新刊書が発行された。作家たちが出版社や取次を通さずにオンラインで自費出版すれば、自分の取り分を増やすことができるというのは嘘ではないが、出版社は書籍の質をふるいにかける重要なフィルターだ。文の良し悪しや読者への伝え方について専門的なノウハウをもっているのが出版社である。編集、デザイン、ピクチャーリサーチなど、各スタッフの豊富な経験が出版物に反映されるからこそ、完成した書籍の質が高まるのだ。たしかに手軽に携帯できる電子書籍端末は旅行の際には便利だが、従来型の書籍には、見た目や手触りなど何ものにも代えがたい魅力がある。実際に、デジタル出版の実質的な効果とは次のようなものかもしれない。つまり、デジタル出版の台頭によって、「本物の」書籍はこれまで以上に高価になり、これまで以上に「ニッチ」商品的な存在になるだろう。そしてその過程で、人々は必然的に書物により高い価値を見いだし、その美しさにさらにこだわるようになるのではないか。哲学者のアラン・ド・ボトンもこう述べている。「その内容をいつまでも心にとどめたいというわれわれの思いを、重厚な製本材料、優雅なタイポグラフィ、美しい図版や挿絵によって表現した書物と、すぐにぼろぼろになる数冊のペーパーバックとを取り替える側にわれわれは立つべきなのだ」と。

左：デンマークの著名なデザイナー、ナナ・ディッツェル（2005年没）のコペンハーゲンの邸宅。壁をくり抜いて高さ2mのサッシ窓を取りつけ、まわりに書棚を配して奥行きのある縦枠にすることで、ドラマティックな効果を最大限に引き出した。ただし外壁付近に本を収納すると気温の変動によって、結露が生じてカビやすくなるので注意が必要。

独創的なネットショップ〈ツェ&ツェ・アソシエ〉の共同創業者シゴレーヌ・プレボワのベッドルーム。 丸い鏡と「日の丸」のモティーフが和風テイストを添えている。 床から天井まで届く実用的なブックケースの長い棚板は継手で垂直材と連結。 本棚の圧倒的な存在感と梯子の荒削りな雰囲気を、繊細優美な柄物ファブリックでソフトな印象に。

ANEL
MARILYN MONROE
SCHIRMER ART BOOKS
TIM WALKER
PICTURES

装飾としての書物

「わが子が、本箱を必要なだけそろえることが室内装飾の極意だと思うような人間に育ってくれたら、もう何もいうことはない」(アンナ・クィンドレン)。人の心を豊かにする書物は、デザインのうえでもこれまで以上に人々の視覚に訴えるものになっている。積み上げた本のタワー、書物の絵画的《タブロー》配置、色別に分類された書架、テーブルの上の革装本など、インテリアを彩る装飾としての書物の可能性をいま一度見直そう。

オランダのブランド〈リカ〉のスタイリスト、ウルリカ・ラングレンのリビングルーム。本を無造作に積み上げたオットマン兼スツールが、読書タイムの足置きに。装飾を最小限に抑えたこの部屋では、白い壁を背景にさまざまなフォルムとヴォリューム(本の山など)が、フェルメールの絵のような「オランダの光」を美しく切りとっている。

ファッションブランド〈アンソロポロジー〉のクリエイティブ・チーム、クリスティン・ノリスとトレヴァー・ランのフィラデルフィアの住まい。大型本を積み上げた折りたたみ式フットスツールから背の高い摺りガラス付きキャビネットまで、高さのグラデーションが面白い。アンティークのハイバックソファーの高い肘掛けが、読書に没頭できる環境を提供。ただし、その硬質で直線的なフォルムは長時間の読書には不向きかもしれない。

「書物は家具としてつくられたわけではないが、住まいを美しくしつらえるのに書物以上のものはない」。会衆派教会の牧師ヘンリー・ウォード・ビーチャーがこう記した19世紀半ばには、一般に教養ある中流家庭では、客間や書斎やアルコーブに収まる程度の小さな書棚しかなく、そこに並ぶのも地味な装丁の本ばかりだった。つまり、室内装飾としての本の可能性はかぎられていた。しかし今日では、ほかのメディアとの競合はあるものの、内容だけでなく見栄えにもこだわったデザイン性の高い新刊書が続々と出版されている。競合ひしめく市場で突出するには、インパクトのある表紙が役に立つ。装飾的な見返し、重厚感のある用紙、光沢のある写真といった要素は、出版コストに上乗せされ、最終的に消費者価格に反映される。しかし、収入に占める割合で比較すると、本の値段は過去よりも安価になっている。このことは、美しいオブジェを大量に所有しながらも、収納スペースを確保しきれていない愛書家が多いことを意味するのかもしれない。

上：比較的高い位置に暖炉が設けられているため、本を山積みしても暖炉の灯りがよく見える。写真を立てかけた浅い棚に、本の表紙をディスプレイしてもOK。

左：本を積み上げた4つのタワーで構成される「書物の彫像」。四隅を直角にそろえることで、背表紙がどこからでも読みとれる。ガラス板を載せれば即席のサイドテーブルに。

右：ハードカバーの表紙には、美しい型押しや金箔押しがしばしば施される。一番下の本の背表紙にあしらわれたトウモロコシの束が、椅子のカバーと見事に調和。

左上：アントン・チェーホフの戯曲全集。一生分の英知が詰まっているのに、積み上げた高さはシンプルな花瓶と同程度。花瓶に赤い実のついた小枝を挿してアクセントに。

右上：初版本でなくとも、出版社のシリーズものは集めておきたいアイテム。写真は冒険小説、探検家の伝記、旅行記を収めた1950年代のシリーズ。色のコントラストが効いた背表紙には12星座があしらわれ、見ているだけで心がはずむ。

右：参考文献の本立てにぴったりなアールヌーヴォーの真鍮製ブックホルダー。「本を表紙で判断するな」という格言が刻まれている。

次頁：本を積む時は大きさとプロポーションにも配慮しよう。写真は建築家フランソワ・ミュラシオルのパリのアパルトマン。大きな本の重厚感とアフリカの丸椅子がしっくりなじむ。

本の山とプラットフォーム

それならば、やるべきことを楽しんでやるしかない。本の山を巧みに配置するだけで、部屋の隅の地味ながらも味わいのある鉛筆画へと視線を誘導できるし、窓の向こうの目障りな高層ビルから視線をそらすことも可能となる。高層ビルといえば、部屋の一角に30冊以上の本を積み上げて「書物の摩天楼」を築けば、低いコーヒーテーブルやベッドやソファーのなかでそびえ立つ垂直のアクセントができあがる。ただしこの場合、本の大きさを徐々に小さくしながら積み上げて、安定性を高めることが重要だ。本は定期的に入れ替えて製本が傷まないようにするのがベストだが、実を言うと、この方法にはデメリットがいくつかある。読みたい本をすぐに取り出せないのは言うまでもない。また、本の山が崩れても被害が及ばないよう、高価なハイファイオーディオ機器や明朝様式の花瓶を遠ざけておく必要がある。それに、よち

よち歩きの幼児やペットがいる家庭では、このアイデアは没にしたほうがよさそうだ。

E–H
I–M

1950年のレトロモダンなイームズのプラスチックチェア。ファッションマニアが古い『ヴォーグ』や『エル』を読むのにぴったり。

次ページ左上：賃貸住宅ですぐに引っ越す場合におすすめなのが、書棚を置かずに、壁際の低い位置に本を積み上げる方法。壁の上部がすっきりするので、思索に集中できる。

次ページ右上：シンプルなアクリルガラスのテーブルが素敵な収納庫に。テーブルの脚以外にも積み上げた雑誌が支えているので、重いものも載せられる。

次ページ右下：狭い部屋に奥行きのある書棚を置けば、窮屈で息苦しい印象になる。そういう時は、腰板の高さにごく浅い棚をつくって写真を飾り、本を部屋の中央に積み上げるのも手。

幼児やペットがいる家庭では、本の山積みは禁物

めったに読まない大型本を積み上げてガラスの天板を載せれば、人目を引くテーブルや電話台、スピーカースタンドになる。こうした半永久的な配置の場合、赤や黒の背表紙が一定の間隔で見えるようにするなど、リズミカルな色の配置を考えよう。「本を読む時は、細部に注意を払い、それを愛でるべきである」とはナボコフの言葉だが、同じことがコーヒーテーブルやサイドチェア、キャビネットの上に絵画的配置《タブロー》をつくる際にも当てはまる。色あせた革装本の上下巻をアンティークランプの後ろに並べれば、ノスタルジックな印象に仕上がるし、廊下に置いたベンチの両端に高さが均等になるよう本を低く積み上げれば、壁に左右対称に掛けた絵画や燭台としっくりなじむ。暖炉を使わない温暖な季節には、美術書やアートブックを薪かごに入れて、暖炉のそばのワックスが

ブックエンドデザイナーはイマジネーションの殻を自由に突き破ればいい

左上：色あせてピンク色になった革表紙の小説。紐でまとめてバラの花を散らせば、ロマンス作家のバーバラ・カートランドが好みそうな甘いアレンジに。

右上：椅子に積み上げた本に、透け感のあるシフォンスカーフとカラフルなビーズをかけて。持ち主の個性が光るデザイン。

右：一般にイエローとピンクとオレンジは合わせにくい色だが、ここではストライプの抽象画と下から2冊の背表紙が全体をまとめている。

次ページ上と下：本を色別に分ける時は、色彩のスペクトルに沿って並べると人の目になじみやすい。寒色系（青や緑）と暖色系（赤や黄色）に分類し、中間の色（紫やピンク）を視覚的な架け橋にするのがベスト。このテクニックは、写真下のレンガ壁のような、ラフでマットな背景にはとりわけ効果的。

けしたフローリングに置くと、忘れ去られた部屋の片隅が一気に華やぐ。

ブックエンド

コンソールテーブルやマントルピース、出窓などの狭いスペースには、ブックエンドでスパイスを効かせることができる。このシンプルな小道具は、重力と摩擦の関係で作用する――ブックエンドの重さと高さが増すほど、そして接触面との摩擦が大きくなるほど、本をしっかりサポートできる。ただし、ブックエンドで本を可愛らしくまとめたい時には、重い鋳鉄製ブラケットやどっしりとしたマホガニーのL字型ブックエンドで大型本を支えるのは逆効果。ブックエンドに働く力は物理的にかなり単純なものなので、プロダクトデザイナーはイマジネーションの殻を思う存分突き破ることができる。ウィットに富んだ作品のなかには、大文字の「A」と「Z」をかたどったブックエンドや、「前に押す」労働者と「もたれる」労働者を表現した社会主義リアリズム風ブックエンド、中国の龍《チャイニーズドラゴン》が頭と尾をそれぞれ端から出しているデザインなどがある。なかでも度肝を抜くのが、金魚鉢を「真っ二つ」にした水槽型ブックエンドだ。これは、水を入れた容器のなかで本物の金魚を飼えるスグレモノで、分割した金魚鉢のあいだに本を挟むようになっており、率直に言うと、本の存在がかすむほどインパクトがある。

UZBEKISTAN
DADA & SURREALISM
Moroccan Interiors
TASCHEN
Taoïsme
HERMANN HESSE
MODA E DESIGN IN RUSSIA
MÉXICO
MAROKKO
London Interiors
Kaddish
Christian Boltanski
COSTUME
CARAVAGGIO
AMSTERDAM
THE PRE-RAPHAELITES
PICASSO
LES ANNÉES 70
MAASAI
ZIJDE
grondvormen
MONDRIAN
WORLD PRESS PHOTO
PENTAGAMES
PURPLE NUMBER TWO
(un)FASHION
CONTES DE GRIMM
paradise
Wolters Engels
VINCENT VAN GOGH Een leven in brieven
HET ASTROLOGISCH ABC
Cuba
desire
BIRMA (MYANMAR)
Isabel Allende
Catch-22
Grammatica Italiaans
A Light in the Attic
Bret Easton Ellis
Glamorama

その他のアイデア

書物のヴィジュアルを生かすには、ほかにどのようなテクニックがあるだろうか？　書棚のなかには表紙をディスプレイするために、長い書見台のように棚板が傾斜したタイプがあるが、このディスプレイ法は普通の本棚にも応用できる。書店の「おすすめ本」のプロモーションのように、ずらりと並んだ背表紙の海のあいだに、目立つデザインや印象的なデザインの表紙を飾る方法だ。アートギャラリーのように、表紙のディスプレイを「展示替え」しても面白い。本を色別に並べれば、ポップアートのようなカラフルで楽しい雰囲気になるし、色のグラデーションによって美しいフォーカルポイントが生まれ、主題どうしの意外な関係性も発見できる（たとえばわたしの書棚では、オディロン・ルドンの専門書と『フェイドン・デザイン・クラシックス』3巻セット、それにロフトリビングの本が黄色い

肩を寄せ合っている。これが水平思考を刺激し、発想の転換のきっかけとなる）。このアプローチは分厚いハードカバーを使った時に、最も効果を発揮する。

最後に、ミニマルなスキームを紹介しよう。わたしが見たものには、本の地や前小口をこちらに向けて並べたアレンジがあった。読者のなかには、それならいっそのこと本を書棚に乱雑に押し込めば、乱れたページのテクスチャーがつくる抽象彫刻のような味わいと、ほかの棚の整然としたクールでナチュラルな印象とのコントラストが楽しめるのではと言う人がいるかもしれない。しかしながら——言わずもがなのことを申し上げて恐縮だが——わたしとしては、蔵書をそのつど引っかき回さなくても本がスムーズに見つかるほうが断然いい。

前ページ左：ペイントした鋳鉄製フレームに大理石の天板を載せたソーイングテーブル。けしの花の鉛筆画がブリキランプの輪郭と響き合う。見返しの黒いラインを細い額縁に見立てれば、開いた本はさながら風景画のよう。

本ページと前ページ右：イベントデザイナーのジョー・ベリーマンの自宅。部屋の主役はもちろんベリーマンがデザインした印象的なサンバーストミラーだが、準主役ともいえるのがアルコーブに設けられたブックラック。ランプのようなデザイナーズ・ハイファイスピーカーを上に配した5段式ラックが、いつでも展示替えできるディスプレイスペースに。

同じ高さに設計された、エレガ
ントな4人掛けソファーベッドと
壁際のローボード。背後のロー
ボードがソファーで完全に隠れ
るため、すらりと並んだ本が、
迫力のある抽象絵画や額縁付き
照明器具とソファーのあいだに
浮かんでいるように見える。
本を積み上げだ2つの山には、
それぞれ小さな彫像とアン
ティークのボトルを載せて。

リビングルーム

「テレビって、すごく勉強になるねえ。誰かがテレビをつけるたびに、わたしは別室に移って本を読むことになるのだから」（喜劇俳優グルーチョ・マルクス）。リビングからテレビを追放するという選択肢もある――テレビを置かなければならないという法などないのだから。アルコーブに本棚をつくったり、壁一面を本で覆ったり、デザイナーに依頼したりするなど、さまざまなオプションを楽しめるのがリビングだ。

ただし、心しておこう！　リビングはいわば「住まいの顔」――ここは、あなたの本の趣味が衆目にさらされる場所でもある。

ミニマルデザインの王道ともいえる、ディーター・ラムスが手がけたスリムで優美な〈ヴィツゥ〉のシェルビングシステム。 書棚の水平ラインが、隅に置かれた18世紀製オランダタイルの薪ストーブへと視線をいざなう。 背表紙がよく見えるように、たいまつ風のライトがシーリングコードから伸びているのに注目。

右：ラインが若干ずれているが、書棚と2組のサッシ窓が、壁面を8つのセクションに分割──梯子にも横木のあいだに同数の隙間がある。こうした比率への配慮は重要だ。本棚の仕切り柱にはヒンジ付きのダウンライトを設置。

一般にリビングは家のなかで最も広い部屋である。住人の滞在時間も長く、来客を招き入れる場所でもあるので、プラニングはきわめて重要だ。テレビやハイファイシステムをリビングの王者として君臨させるのか、ほかの媒体を追放して読書に王座を与えるのか？　書物とオーナメントを組み合わせる場合は、本の前にオブジェを置くだけの奥行きが棚にあるかどうかを事前にチェックする必要がある。ほかにも、棚とオープンキャビネットを組み合わせたシェルビングユニットを使うという手もある。

蔵書の収納に必要なスペースをきっちり計算しておくことも欠かせない。それには蔵書が今後どれだけ増えるのか、それらをどのように整理するのかということも考慮しなければならない。小説しか持っていないというのであれば話は別だが、著者名をアルファベット順に並べたところで、大判のデザイン本の横にちっぽけなペーパーバックが並ぶといった、ちぐ

マントルピースの棚は、
棚板の厚みを決める目安になる

はぐな結果になるのは目に見えている。 かつて批評家のスーザン・ソンタグは『ニューヨーク・タイムズ』紙の記者にこう語った。「ピンチョンの横にプラトンを並べるなんて、考えただけでぞっとする」と。

アルコーブと作りつけの棚

19世紀以前に建てられた住宅のリビングには、しばしば暖炉と炉胸《ろきょう》がついている。その両端にあるアルコーブは前面が開いた箱状になっているので、書棚を設けるのに打ってつけだ。 可動式ブラケットを垂直のレールに取りつけて、高さ調整できる棚を組み込む方法もあるが、これではいまひとつ見

前ページ左：ドアまわりを本棚で埋め尽くすとドラマティックな印象になるが、建築そのものの良さを損なわないよう注意しよう。ここでは2本の大きな垂直材が入口の輪郭を際立たせている。変則的に配した飾り棚と光を屈折させる装飾的なシャンデリアは、圧迫感を与えがちな棚の格子状のラインを断ち切っている。

次ページ右：酸性紙を使った本のページは劣化しやすい。本の地の部分をこちらにむけて本棚に並べると、紙質や発行年の違いによって色合いが微妙に異なるオフホワイトが生み出され、抽象彫刻のような印象に。

左：アルコーブのデザインで厄介だったのが柱の出っ張りだ──この問題は浅い棚に壺や小さな油絵、ダイナミックなブロンズ像を飾ることで解消された。棚に並んだ青い背表紙が、コーニス下の素焼きのテラコッタ像を引き立てている。

下：浮遊感のある「ヌック」付きコーヒーテーブル。デイヴィッド・ピケットが手がけたこのテーブルは、本棚を組み込んだ斬新なデザイン。

栄えが良くない。あくまで私見だが、棚板の両端を木材で支えるシンプルな書棚のほうが──木材は壁と同じ色にペイントして空間になじませ、ネジ釘で壁に取りつけておく──見た目にも美しいように思う。この時、厚い棚板を適度な大きさにカットしてニスか

DETAILS
FROM FOLLY TO FOLLIES

ステインかペンキを塗れば、本と調和するだろう（ちなみに英語の「ブック」という言葉は、ブナの木を意味するドイツの古語に由来するとされている。言葉のつながり以外にも書物と樹木のあいだには、ページが木材パルプでできているという接点もある）。マントルピースの棚は、棚板の厚みを決める目安になる。棚板がたわんで見苦しくなるという事態を避けるためにも、薄い棚板には支柱が必要な点に留意し、本の重さなどを事前に考慮しておこう。壁にブラケットをネジ留めしてから漆喰でカバーすれば、棚の浮遊感を演出できる。この時、棚板にも漆喰を塗ると、全体の印象が和らいで、まるで壁から自然に生えたようなアラブ風の有機的な収納棚ができあがる。

壮大といえるほどの部屋でないかぎり、壁面のおよそ3分の2は――上でも下でもかまわないが――残して、暖炉脇のアルコーブのスペースを本棚にするのが得策だ。同じ大きさの絵画2枚を書棚の上に左右対称に飾れば、暖炉脇のニッチのシンメトリー感がぐっと引き立つ。

前ページ：古びた天井板やリベットが船倉のような雰囲気を醸すリビングルーム。船の模型やストライプのクッション、航海旗の絵画から潮の香りが漂う。書棚で壁面が埋め尽くされているが、小さなアイテムを随所に置くことで、ヴォールト天井のリビングが心地よい空間に。

上：あなたは斜めに倒れた本を見てぞっとするタイプだろうか？斜め倒しは本には良くないかもしれないが、建築古材業を営むエリザ・バーンズのサセックスのこの邸宅では、波板天井と調和して素敵に見える。

左：壁一面を作りつけの棚で覆う場合、写真のように太い垂直材と細い垂直材を交互に配せば視覚的なリズムが生まれ、単調さが払拭される。

上：ロンドンのコヴェント・ガーデンのロフト。天井が高いおかげでギャラリーに本棚をもう1セット追加できた。ギャラリーへは左奥のオフィスエリアの後ろにあるらせん階段からアクセス可能。中2階の長いベンチのクロムの支柱が、まるで本棚の垂直材から伸びているかに見える。イームズのレザーアームチェアがとっておきの読書スペースに。

オープンプランの広いスペース

ロフトスタイルの広いリビングエリアや、屋根裏を取り払った吹き抜けのリビングルームにあこがれる人は少なくない。ただし、こうした広い空間にいると、巨人の国に迷い込んだような感じを覚えるかもしれない。こういう時に何かと重宝するのが本である。壁一面を本で埋め尽すことで、部屋のスケールも人間味を帯びてくる――そもそも本は人間が手で持つようにデザインされているのだ。ずらりと並んだ色とりどりの背表紙が、大きな壁の圧迫感を和らげ、空間にぬくもりをもたらす。「本で壁を覆うことで、壁に最高の断熱材が施され、豊かな質感と色彩が与えられる」とインテリアデザイナーのジョン・ステファニディスも述べている。

天井の高い空間にいると巨人の国に迷い込んだような気分になるかもしれない

上：「高さは変わっても幅は同じ」という原理が支配する書棚──同じ原理が、棚の上に陳列されたアンティークのミニチュアキーボードにも見事に当てはまる。本の前にオブジェを飾り、いくつかの棚にガラス器を並べることで奥行きに変化をつけている。細長いダブルドアは、やむを得ない妥協点。

また、がらんとした空間では音が響きやすいが、書棚があれば室内音の反響も軽減される。このアプローチは空間をかなり華やかにするので、ほかの装飾効果とのバランスにも配慮しよう。たとえば豪華な壁紙や表現豊かな絵画、優雅な繰形で飾られたバロック的な空間には、機能的な碁盤目状の棚でコントラストを効かせることもできる。いっぽう、ミニマルな要素の強い部屋では、本で埋め尽くされた壁面に視覚的な「遊び」を挿入したほうがいいだろう。たとえ

ば、本棚の支柱の太さを交互に変えて垂直ラインのリズムをつくるとか、本棚のところどころに印象的なオブジェを置くとか、背後の壁をアクセントカラーでペイントするといったやり方がある。あるいは、縦に並べた本のあいだに適度な間隔をあけて、本を横積みすれば、それだけで空間にメリハリが生まれる。どのアイデアを採用するにしても、上段から本を取りだす方法を考えておく必要がある。キャスター付きのはしごを使うとか、中2階のギャラリーからアクセスするといった方法があるが、わたしが見たエキセントリックな手法のなかには、天井に取りつけた滑車に吊り腰かけ《ボースンチェア》をつないで、人を高い棚まで吊り上げるというものがある。

広いスペースを区切るには、本棚を間仕切りに使う手もある。この場合、本棚が一方の端だけで壁と接しているため、棚の荷重の大半を床で支えなければならない。床が荷重に耐えられるかをチェックしておこう。両側が開いたオープン棚に本を詰め込みすぎないように並べた場合、隙間から光が差し込み、棚の向こうの空間がわずかに見えることがある。リビングからキッチンが見えないように目隠しをするには、本棚に引き戸を取りつけるといった大掛かりな手法があるが、これには工学のノウハウも必要になるので、できれば建築家に依頼するのが望ましい。

ブックケース

作りつけの本棚やキャビネットの大きなデメリットは、次に紹介する2種類の本箱とは違って、引っ越しの際に持ち出せな

前ページ左：三脚のフォルムは、積み上げた本の置き場所としてはふさわしくないかもしれない。だが、鍋スタンドを転用したこのブックスタンドは簡素な素材ながらじつにエレガント。アームチェアの猫足に合わせるかのように、スタンドの足も反り返っている。

前ページ右：スタイリストのマリナ・コリアスコのパリの自宅。光を通すブックケース――大理石天板のサーリネンのテーブルの向こうに見える――が、どっしりしたルイ16世スタイルの肘掛椅子2脚と〈アルコ〉のランプが占める読書エリアとの間仕切りになっている。

マリナ・コリアスコの部屋のディテール。電気機器工場を改装したこの部屋（前ページの写真参照）には、工場らしい広々とした雰囲気が保たれているのがわかる。四角い隙間から光が注ぐシンプルな間仕切り棚は、簡素なアーキトレーヴのついた未処理のファイバーボードで構成される。オーストリッチの羽根やガラスのランタン、半透明のプラスチックボックスなど、光の透過率の異なるオブジェを陳列。レザークッションに座れば、竹梯子が即席の背もたれに。

THE TORCH
QUENTIN
DEATH AT THE ISTHMUS
VON RYAN'S EXPRESS
FROM HERE TO ETERNITY
THE SCAPEGOAT
MILLAR
Marathon Man

い点だ。オーソドックスな本箱のなかでも投資に見合うのは、棚の高さが「ネジと穴」で調整可能なタイプ——背の高い場合には、壁に固定して転倒防止できるタイプ——だが、オプションはほかにもある。たとえば4本脚の梯子型本箱《ラダーブックケース》。このブックケースは先細りになっていて、一番下の「踏み板」の奥行きが最も深く、一番上が最も浅い。オープン棚なので、観葉植物や花瓶やランプなどのオブジェと、横積みの本を組み

前ページ：背の高いレンガ造りの炉胸から、オリーブ色の質感豊かな合皮製ボタンソファーに至るまで、ミッドセンチュリー感あふれるニューヨークのインテリア。1950年代のキャビネットは、同時代に出版された初版本の収納に最適。

下：新型テレビのハードディスクに長編映画を保存すれば、DVDラックが本棚に。

右上：実用一点張りのニッケル棚も、3つの工夫でおしゃれな雰囲気に。サイザル麻を敷いた床で質感のコントラスを効かせ、赤い壁でぬくもりを添え、メタリックな垂直材の先端に飾りフィニアルをつけて意外性を演出。

右下：本や雑誌はかなり重いので、ガラス棚に載せる際には注意が必要だ。3つに分けて積み上げれば荷重が横方向に分散されるので、棚の負担が軽くなる。

左：「流線形」アームチェアの後ろにあるのは、陳列用家具を服地店からゆずりうけたもの。書棚のガラス扉は引き上げて棚のなかに格納できる。「バリスターブックケース」と呼ばれるこの書棚は、かつて法学生が高価な判例書を埃から保護するために使用した。

次ページ：イタリアのノーバディ社が手がけた「ビブリオシェーズ」。アールデコの香りがするこのアームチェア型書棚は、文字通り良書にどっぷり浸かりたい人のための逸品。幅5mの棚板に並べた本がすべて収納できる。

合わせてディスプレイするのに適している。壁に立てかけるタイプのブックケースは、いたってミニマルで軽やかなデザインになっており、壁が支持材の役目を果たすので場所もあまりとらない。ごくベーシックなラダーブックケースの場合、壁と接するのは脚の先端部分だけだが、やや洗練されたものになると、踏み板（棚板）が後ろに伸びて、それぞれが壁と接するように設計されている。ほかには、弁護士書棚《バリスターブックケース》という、本来は大判の判例書を収納するためにデザインされた本箱もある。このブックケースの各段にはガラス扉がついていて、この扉はくるりと引き上げて棚のなかに格納できるようになっている。希覯本の保管にふさわしい書棚といえる。

本を収納する際に、部屋の角は厄介な存在だ。2つの書棚が直角に接する場合、書棚の一部が重なるように配置すると、本の出し入れのできないデッドスペースができてしまう。かといって隙間をあけて配置すると、見えにくい空洞に手を伸ばす羽目になる。簡単かつエレガントな解決策としては、書店で使うような回転ラックを部屋の角に置くという手もある。

Elsa Morante
La Storia

CINEMA
THE MOST BEAUTIFUL VILLAGES OF TUSCANY
THE BEATLES ANTHOLOGY
JEANLOUP SIEFF

ITALY
FRANCE
10 Years of 2 Wheels
17th and 18th Century Art
BYZANTINE & MEDIEVAL ART
INVESTMENT BIKER
EVEREST
LOST LHASA
OFF THE PLANET
REINHOLD MESSNER
THE 1998 BOOK OF SMALL HOUSES
Knoll
Frank O. Gehry
DANISH CHAIRS
Paul Rand
OGILVY ON ADVERTISING
NEW YORK FASHION
ED RUSCHA
1000 chairs
the sixties
DAVID BAILEY ARCHIVE ONE
THE NEW COLUMBIA ENCYCLOPEDIA
HOME MEDICAL GUIDE

前ページ左上：このソープストーンのオブジェに見つめられると、ラルフ・ワルド・エマーソンの言葉を思い出す。「書物とは何か？　全能か無能か。すべてを見通す目である」

前ページ中央上：本のディスプレイのなかには幼児やペットのいる家庭には向かないものもある。たとえばいまにも崩れそうな本の山。よちよち歩きの子どもが遊びまわる環境では、アクシデントが起きるのは時間の問題。日の当たる窓辺（写真）や暖房器具のそばに豪華な型押しの古い革装本を積み上げたら、ネコに特等席を用意するようなもの。とはいえ貴重な本でなければ、ネコがちょこんと載った姿はたまならく愛らしい。

前ページ右上：オープン棚と扉付きキャビネットを組み合わせれば、見せたいオブジェ（有機的なフォルムの磁器や本など）は見せて、書類などの見せたくないものは隠すことができる。幅の異なるキャビネットを非対称に配することで、壁面にダイナミックな表情と視覚的リズムが備わる。キャビネットの扉は押して開けるタイプなので、目障りなノブは不要。

前ページ下：レンガのパターンとのコントラストが美しい碁盤目状の棚の桟。中央の棚に陳列されたラッセルライトの食器が部屋に優美なフォルムを導入し、奥行きを与えている。

上：カスタムメイドのウォールユニットが、スイスのブランド〈デセデ〉の使いこまれた革張り「コンター」ソファーの背景を彩る。パンチングパネルの奥にハイファイ機器と空調設備を収納。レイアウトは最適とはいえないが、本を縦・横どちらにも置けるよう長方形のニッチが配されている。背表紙が人目を引くので中間色の陶器を置いて、引き算のデザインに。

本のインパクトを和らげる

部屋のスタイル上の理由や性格的な理由から、本を目立たせたくないという人もいる。人が一生のなかで読む本は、その人の趣味や関心や過去の多くを物語る。それゆえ、そこまで自分をさらけ出すことに抵抗を感じる人もいるだろう。蔵書を人目につかないようにするには、本を木製扉の奥に隠すという極端なやり方もあるが、書棚にガラス扉をつけるだけでも、光が反射するので、ぱっと見ただけでは本のタイトルがわからないようにカモフラージュできる。金網や金属柵などのメタル系のカバーには、本の収納家具を引き立てる効果もある。単色かツートーンのカラーヴァリエーションからさりげなく効果を引き出す控えめなスキームでは、壁一面の書棚は

上：〈ヴィツゥ〉のシェルビングシステムのような組み立て式ユニットなら、中途半端なスペースにも簡単に組み込める。上段に重い本を並べた配置は巨岩のような印象になりがちだが、鏡を活用して軽快さをプラス。

次ページ：インダストリアル・シックとモダンクラシックの融合。〈B&Bイタリア〉の豪華な「チャールズ」ソファーと、ピエロ・リッソーニが手がけたうねるようなシルエットのコーヒーテーブルが、ボックスのような書棚とコントラストを成す。書棚中央を支える太いブラケットが、倉庫のような空間に違和感なく溶け込んでいる。

GIL ELVGREN
ALLEN JONES PRINTS
RICHARD LINDNER
BEATON
El Greco
LOUIS VUITTON
SOL LEWITT 100 CUBES CANTZ
X RAY
LA VIE ET L'ŒUVRE DE FOUJITA
DAVID LACHAPELLE

上：戸口を塞いでつくったアルコーブのリンテルが、部屋の片隅に上品な華やぎを添え、すっきりつながった2段目の棚板と腰板のラインが洗練された雰囲気を醸し出す。本の背表紙と趣味のいい中間色のスキームが美しく調和。水漆喰を塗ったキャンドルスティック、優美な鋳鉄製テーブル、バロックのフィニアルで英国の邸宅がフランスのカントリースタイルに。

次ページ：前面と背面にオープン棚を配し、サイドに押し開け式戸棚をつけたユニット収納。建築家のマイケル・ニューマンはこのユニットをオープンプランの空間に取りつけて、マンハッタンのアパートメントを区画した。ぬくもりのある本の色がモノクロームの空間に彩りを添え、「浮遊する」棚板の厚みが床板の幅と見事にマッチ。

派手すぎて、かえってフォーカルポイントになりにくい。というのも、どの出版社も——書店で立ち読みする人を購入者に変えるべく——居並ぶ本のなかで自社書籍が目立つよう背表紙のデザインを工夫しているからだ。しかしミニマリストを目指す人にとって、商業上の必要から生まれたカバーデザインは目障りなことこの上ない。もしもあなたが象の息《エレファンツ・ブレス》の色を水性塗料でペイントした部屋で、アンティークの地味なクリームウェアの水差しを目立たせたいならば、たとえば色調の異なるオフホワイトの紙で本をカバーしてはいかがだろう。

独立型シェルフとデザイナーズシェルフ

木製のタイプもなかにはあるが、一般に最近の独立型シェルビングシステムは金属製で、シャルロット・ペリアンやマルセル・ブロイヤーなど、1920年代に活躍したモダニズムの巨匠たちによるスチールパイプ家具の流れを汲むものが多い。軽くて丈夫なメタル棚を使えば、現代のインテリア——特に小さめの部屋——でも、巨大なフォルムに囲まれているような窮屈な印象にならないし、建築構造を引き立てることもできる。ただしメタル棚はきわめて実用的で、作業場やクリニックの棚を連想させるというデメリットもある。工作室でくつろぎたいと誰が思うだろうか？　メタルユニットのこうした印象は、意味ありげな抽象画や装飾的なミラー、ベルベットのクッションを載せた柔らかい革張りソファーなどのぬくもりのあるテクスチャーで和らげることができる。

手頃な値段のイケアのIVARシステムから、高価格帯に属するディーター・ラムスの古典的「ヴィツゥ606」に至るまで、シェルフシステムの多くは組み立て式なので、さまざまなアレンジが可能となる。こうした柔軟性は大きなメリットであり、メーカーが廃業しないかぎり、必要に応じて「モジュール」を買い足すことができる。

BRUCE WEBER
WALKER EVANS
STEICHEN'S LEGACY
Outerbridge
PARIS
RICHARD AVEDON EVIDENCE 1944-1994
ISAMU NOGUCHI
GILBERT & GEORGE
GRACE
HERB RITTS

右：きわめて複雑な家具も、フラクタルのように比較的シンプルな構成要素からつくることができる。たとえば、ロサンゼルスの〈J1スタジオ〉が開発した「T（トライアングル）シェルフ」システム。バルト産カバの合板製トライアングル（8つで1セット）を組み合わせれば、テーブルにもユニット棚にもなるし、壁に吊るして彫刻のような収納ユニットに仕上げることも可能。好きな色にペイントできるこのトライアングルは、ジップタイの単純なシステムで連結できる。

左：フィンランドのデザイナー、ナウリス・カリナウスカスが手がけた〈コントラフォルマ〉の「クワッド」。この棚の最大の売りは、大きさの異なる四角いニッチがいくつもついていること。無人島にもっていきたいCDもDVDも、雑誌も大型本もペーパーバックも、この着色仕上げのオークベニアユニットにすべて収納。

次ページ：避暑地の別荘のリラックスした雰囲気に合わせて、長い羽目板に小さな棚板を打ちつけただけの書棚。特大の羽目板を背景に本のタワーが、白い長音符のジャジーなパターンを創出。大きなドット柄のラグで、ストライプだらけの空間に変化をもたせて。

エキセントリックな棚

いうまでもなく、何を「エキセントリック」と思うかは人によって異なるが、持ち主の個性が光る奇抜で印象的な書棚（ただし実用性は限りなくゼロに近い）はいくつもある。プラスチックの牛や竪琴やシーソーなどの変わったフォルムも、斬新なブックホルダーにアレンジされてきた。こうしたデザインのなかで特にインパクトがあるのが、合衆国の形をかたどったロン・アラッドのスチール棚だろう。これは各州の輪郭が棚のスペースになったもので、テキサス州の収納量が最も多い。ほかにも、車輪のないスケートボードをいくつも並べて棚をつくるとか、部品を取り出した空っぽのテレビに本を詰め込む（核心を突くデザイン）といった既存のオブジェを再利用する手もある。これとよく似た路線だが、6脚の梯子を交差させて、てんでばらばらな方向に向いた棚面をつくり、そこに本を並べたデザインを見たことがある。ほかに身近なものを見直すヒントはないだろうか？　たとえば、うーん、本でつくる本棚とか（十字形連結バーを使用）、読書コーナーを組み込んだ本箱とか、暖炉が端についた書棚とか。個人的には、「READ」という文字を綴った本棚が好みかもしれない。

左上：ロン・アラッドが1994年にデザインした押出成形プラスチックの書棚。カルテル社は、自由自在に形を変えられるこの棚に「ブックワーム（本の虫）」という気の利いた名前をつけた。各支柱には最大10kgまで収納可能。本はカーブの内側にも外側にも並べられる。

右上：人目を引く「ブックワーム」にはシンプルな素材と白い壁が効果的。

次ページ右下：ドアのあいだのデッドスペースを彩るオープンユニットの書棚。ひと筆書きのように連続した彫塑的なフォルムは「ブックワーム」を思わせる。

右：インテリアデザイナーのバンビ・スローンが手がけたレストラン〈ドゥリエール〉。マズーズ兄弟が所有するこの店は、パリのマレ地区でとびきりトレンディな「隠れ家」的レストラン。古い町工場を改装して、イカれたアパルトマンのような内装に仕上げることで、マリファナ常習者が集う屋根裏のもぐり酒場のような怪しげな雰囲気に。あり得ないほど斜めに配された書棚では、いまにも倒れそうな狩猟動物の剥製が傾いた燭台の明かりに照らされている。

下：2010年グリーンファニチャーアワードで優秀賞を獲得したエイミー・ハンティングの「ブロックシェルフ」。木材輸出業者の廃材置き場で見つけた20種類の未処理の木材と2本のコットンロープを使用。航海で使われるベーシックな結び目であらゆるものを留めている。

ベーシックな書棚の構造原理はきわめてシンプルなので、デザイナーたちはつねに突飛なコンセプトを提案する必要に迫られてきた。木々が枝を伸ばした森のような書棚や、天井に向かってジグザグにそびえる黄色いタワー、本を数冊ずつ収納する「雲」がいくつも浮んだ群雲。こうしたデザインのなかには、実用性が疑わしいアートオブジェのようなもの（この写真の「ピサ」の斜塔のように傾いた本箱など）もある——とはいえ、普通の書棚がほかの場所にある場合は、実用性はそれほど問題にはならないだろう。それに、いびつな白い八角形で構成されるハチの巣型書棚や、薄い金属板を渦巻き状にした本棚、ピンクのポリプロピレンでできた「転がる」棚などを、きわめてミニマルなインテリアに置けば、個性的でインパクトのある空間が生み出せる。

本のオンパレード

リビングルームは友人や家族を招く場所でもあるので、書棚の本も必然的にチェックされ、コメントの対象となる。かつて「コーヒーテーブルブック」（訳注：置いているだけで絵にな

前ページ：カトリン・アレンスがデザインした書棚。廃材を利用した木板──上部と底部を金属索で固定──が、イタリアのファームハウスの巨大な梁の下で「本の列柱」を構成する。木板に嵌め込んだ金属棚が薄いおかげで、書棚が意外なほどエレガントな印象に。各段の収納量が少ないため、棚板が薄くてもたわまない。

上：棚板の裏面に注意が向けられることはあまりないが、写真のように棚を天井付近に設置した場合は例外。この棚は古いドアをさねはぎ継ぎで連結して、どことなくシュールなコーニスに仕立てたもの。ドアなのに立っていないし、リンテルにも収まっていないので異空間のような雰囲気が漂う。

る豪華本）という言葉は、中身よりも外見を重視する相手への冷笑を込めて使われたものだが、主題によっては挿絵や写真をメインにしたほうが読者に伝わりやすい本もある（本書が好例！）。それに、イメージを「読みとく」文化が高度に洗練された結果、われわれは書物の見た目にも非常にこだわるようになった。ソファーまわりに置いた美しい書籍や雑誌は、グラフィティアートの本であれ、世界の宗教地図であれ、会話を始める良いきっかけとなる。

蔵書を披露することに関して多くの愛書家が恐れるのは、「本を借りていく人──大事な蔵書をキズものにする人、書棚の対称性を乱す人、全集を歯抜けにしてしまう人」である。これは社会生態学者のピーター・F・ドラッカーの言葉だが、同じ感想をもつ人は少なくない。それはなぜかというと、ある種の人にとって蔵書《ライブラリー》をつくり上げていくことは、ロブ・カプランいわく「所有の手段」でもあるからだ。カプランは新たに本を買うたびに、特に必要もないのに購入日を見返しに記入したという。ささやかな情報と知識のレンガをモルタルで接合することで、人は意味のない世界において、「合理性」という意味のある砦を築いていく。本を借りる人間はこの砦の破壊者となる。なぜなら実際のところ、人は借りた本のうちの何割を返すというのだろう？　蔵書狂のロジャー・ローゼンブラットは、自宅のリビングの書棚に友人が熱い視線を向けているのを見ると、落ちつかない気分になるという──「欲望渦巻くダンスホールで自堕落な女たちを追いまわすように、暗く光るその目は、値踏みをするかのごとく本のタイトルを追いかける」。かくてわれわれは、評論家のアナトール・ブロイヤードのこの言葉に共感するのである。「本を人に貸すと、娘を嫁にやる父親のような気分になる」

Space is a Funny Place
Clarkson On Cars
Sting
EARTH
LONDON
Hide & Seek
CHINA
Noughts & Crosses
BILL BRYSON
SKINHEADS JOHN KING
THE FAST SET
Boat Design
Artist's Illustrated Encyclopedia
GRAPHIC DESIGN NOW
Scandinavian Design
VENICE
The Flowering of the Renaissance
THE STORY OF ART
Louise Bourgeois
MODERN
THE ART OF PHOTOGRAPHY
20TH CENTURY PHOTOGRAPHY
THE PHOTOBOOK
ARCHITECTURE
Collins
MICHELANGELO
REMBRANDT
ROYAL ACADEMY ILLUSTRATED
ALICE IN SUNDERLAND
HOCKNEY'S ALPHABET
The Drawing and Painting Course
DAVID HOCKNEY BY DAVID HOCKNEY
FRANCIS BACON'S STUDIO
Francis Bacon: A Retrospective
AFRICA
The Art of a Continent
Prestel
THE BAUHAUS
The Impressionists
A WORLD HISTORY OF ART
THE ART OF THE ITALIAN RENAISSANCE
FRONT COVER
ARTISTS IN THEIR STUDIOS
Louise Bourgeois
Peter Doig
Henry Moore

ライブラリーと書斎

「書物をあなたの友とせよ。本箱と書棚をあなたの遊び場とし楽園とせよ」（イェフダー・イブン・ティボン、12世紀）。文明の偉大な思想家たちの図書目録をつくるという古風な概念がいまでも多くの人の心を捉えるように、地球儀とガラス扉の本箱のある古典的なプロポーションの図書室に魅力を感じる人も少なからず存在する。この章では本のコレクターを目指す人のために、実際的な問題点や注意点などを検討していく。

角を留め継ぎにして、前面が張り出すようにデザインされたクリス・ダイソン・アーキテクツによるエレガントな接合キャビネット。各キャビネットと内部のニッチはプロポーションが同じ。書斎の色――〈ファロー&ボール〉ペイントのオーバルルーム・ブルー ――が思索の旅へといざない、卵の殻の清らかなフォルムと機能がアイデアを引き出す。

HOTEL du LAC
THE YEAR OF LIBERTY
THE DOWNING STREET YEARS

個人の書庫《プライベートライブラリー》とは、誰かが人生で手にした本のたんなる集積ではない。それはむしろその人の真摯な関心の数々を反映し、具現化したものである。米国の批評家トーマス・ウェントワース・ヒギンソンは「読まない本」というエッセイに、書棚のスペースが足りなくなってきたので建具屋を呼び寄せた時のことを書いている。建具屋が「ここにある本をぜんぶお読みになったのですか?」と尋ねると、ヒギンソンはこう返した。「では、あなたは道具箱の道具をぜんぶ使ったことがあるのですか?」答えはノーである――ここでのポイントは、ヒギンソンが必要になった場合に備えて本を所蔵していたということだ。この意味においてライブラリーは、読んだ本を保管するたんなる収蔵庫ではなく、必要に応じて参照するための実用的な道具といえる。

英知の世界

総じて図書目録《ライブラリー》の編纂者には、つねに高みを望む理想主義的なところがある。それは、紙の形で具現化された何世紀分もの英知――ウンベルト・エーコが「植物の記憶」と称したもの――を欲する情熱ともいえる。1771年、当時28歳だったトーマス・ジェ

前ページ：折りたたみ式ライティングデスクから鋳鉄製ブックエンドまで、本の収納のあらゆる形がぎっしり詰まった古いコテージの書斎。壁龕《へきがん》に本を前後2列に収納できるほどの厚い壁に覆われているが、それでも冷気が入り込むので羊皮のラグは欠かせない。

右：棚板のラインが不揃いだが、クラシカルな円柱を彷彿させるフランス古物商の図書室の書棚。腰板と張り出し部分にはゴールドがあしらわれている。

上と次ページ：桂冠詩人のジョン・ベッチェマンが1939年に称賛したアイルランド・ウェストミース州のタリーナリー城。書棚を厚い壁に組み込み、木造のアーキトレーヴを漆喰と同一平面上に仕上げることで、オーク張りの図書室がもつ四角い箱のような印象が保たれた。隠し戸（次ページ）があるため視界に邪魔が入らない。

ファーソンは、のちに義理の兄弟となるロバート・スキップウィズからある依頼を受けた。それは「読み書きはできるが古典の知識がほとんどなく、難しい勉強や机にかじりつく勉強をする余裕のない一般読者の能力に見合うような」本の目録制作の依頼だった。かくして未来の第3代合衆国大統領は148タイトルを含む図書目録を編纂した。その大半は古典だったが、なかにはジェスロ・タルの『馬耕農業』などの実用書も含まれていた。図書目録の概念がさらに洗練されたのは、いまからおよそ100年前のことである。その担い手となったのがハーバード大学学長チャールズ・W・エリオットだった。彼は厳選されたわずか50冊の本を1日15分読むだけで、誰もが優れた「教養」を身につけられると説き、「5フィートの書棚に収まる」ハーバード・クラシックスを編纂した。プラトン、ミルトン、ベンジャミン・フランクリン、ダーウィン、ダンテ、アダム・スミス、シェークスピアなどを含むハーバード・クラシックス（ただし科学書であれ小説であれ、女性の著作はすべて省かれていた）は、全巻一括購入が可能だった。

伝統的なライブラリー

文明の果実に囲まれて暮らしたいという願望は今日でも完全には衰えなかった。いまでも富を自由に消費できる人のなかには、フォーマルな図書室の特徴がある程度残ったライブラリーを求める人もいるようだ。階段でアクセスできる上段の木造ギャラリーに書棚が置かれた——天井のフレスコ画からアポロと知恵の女神たちが見下ろす——吹き抜けの部屋などが、そうしたライブラリーの典型的な例だろう。古代ギリシャとローマが西洋文化の源泉であると歴史的に考えられていることもあり、伝統的なライブラリーには古典的なデザインが施されることが多い。一般に、床から天井まで届く書棚は垂直性が強調され、円柱の構造が意識的に模倣される——下から3分の1（通例、腰板の下部分が戸棚になっている）がやや前方に突き出し、垂直部材には縦溝をつけて柱身の条溝《フルート》

Ezra
Pound
Personæ
Andrew
Motion

前ページ：デボラ・ボウネスがデザインした長さ330cmの「ジーニアス・フェイク・ブックシェルフ」。どこをとっても同じパターンがないのが素晴らしい。巨大なアングルポイズランプが異次元感を高めている。

右：革装やバックラム装の本は、書棚にもある程度のクオリティを要求するようだ。フロントにフランジのついたこの本棚には奥行きがたっぷりあるので、ミニチュアの胸像や乾燥ペポカボチャ、寄木細工のキャンドルスティックといったエレガントなオブジェも陳列できる。

特注ライブラリーには、書棚が壁に組み込まれたものが多い

を暗示し、棚板は上にいくにつれて幅が狭くなるよう設計される。仕上げに、フリーズで装飾された「コーニス」が書棚頂部につけられることもある。こうした特注ライブラリーは通例、書棚が壁に組み込まれる。

革装やバックラム装の本には統一感がある。というのも、18-19世紀には現在のような形の出版社がなく、裕福な人々が自家装丁していたからだ。一般に書棚に並んだ本には、所蔵場所を示したカード方式と相互参照するために、渋い金箔押しの数字やアルファベットが施される。また、装飾が刻まれた重厚感のある書斎机には、地図や銅版画を収める浅い引き出しやキャビネットがついている。ライブラリー用踏み台《ステップ》と書見台《レクターン》は、本の出し入れや閲覧に役に立つ。こうしたフォーマルな空間には「伝播」を象徴する装飾物が置かれることが多い。地球儀は、貿易と植民地化を通じて知識や学問が地理的に普及することを意味し、ベンジャミン・フランクリンやゲーテなどの偉人の石膏胸像は、啓蒙主義的ミッションの成果を物語る。時計はいかなる時代の知的業績も、過去の知的偉業を礎として築かれたことを暗示するものであるが、時計には「生のはかなさ」を示すヴァニタス的な側面もある——知るべきことはあまりにも多く、人生は短い。

本のスノッブ

昔から多くの人が、社会的ステータスを高める手段として本を所有してきた。16世紀後半のフランスの古典文学研究者ルイ・ル・ロワは、「金箔押しされた豪華な製本・装丁の」本を「汚れては困るからと自分が読むことも、人に触らせることもなく、もっぱら飾り物として」収集する人々を嘲笑した。その数十年後には、英国の文学者ジョン・バニヤンが「虚栄のライブラリー」と「蔵書の質より量を重視する」人たちをさらに厳しく批判した。現在にも、得も言われぬ色調《トーン》を楽しむために革装本をずらりと並べたプライベートライブラリーを所有する本のスノッブたちは存在する。アメリカ人向けの某ウェブサイトでは、デンマーク語やドイツ語の古びた専門書がヤード単位で室内装飾用に売られている。中身のないハリボテの本も

上：フランスのユゼにある骨董店のライブラリー。安全性を高めるために取っ手がついた19世紀のオークの踏み台は、床から天井まで届く書棚に欠かせないアイテム。棚のラインが不揃いなのと、なるべく多くの本を——本の上と棚のあいだに隙間がないほど——詰め込もうとしていることから、このライブラリーの持ち主が愛書家であることがわかる。

次ページ：ニューヨークの建築家のアパートメント。スペースを有効利用するために本を前後2列に並べることはよくあるが、写真のように本棚にレールをつけるとエレガントな仕上がりに。軽量紙の照明器具が重量感のある書棚とコントラストを成し、イームズのオリジナル「DCM」プライウッドダイニングチェアがシンプルな工学デザインがもたらす喜びを喚起する。

簡単に手に入るが、地位や名誉を誇示するのが狙いなら、これではまちがいなく逆効果である。とはいえ、ディケンズの書斎にも本棚に似せた隠し扉がついていたというから面白い。この扉には、『ノアのアーキテクチャー』などのウィットに富むタイトルのついた架空の作品や、『ネコたちの人生』というタイトルの全9巻から成る本が、だまし絵のように描かれていたという（ちなみに図書室や小さな書棚のドアに、ブルンシュウィク&フィルスの「ビブリオテーク」のような書棚模様の壁紙を貼れば、ユニークな隠しドアができあがる）。

本の収集——基本原則

蔵書狂《ビブリオマーヌ》——彼らは熱心な読書家である場合もあるが、そうでないこともある——は書棚に本を加えるべく、獲物を追う狩人のように本を追い求めずにはいられない。それは、掻きたくても掻けない痒みのような抑えがたい欲望だ。マルクス主義の著述家ヴァルター・ベンヤミンも「1冊の書物の喪失は、時に人を病気にする。1冊の書物を手に入れたいという欲望は、時に人を犯罪者にする」と述べている。そこまで常軌を逸していない一般のコレクターのなかには、自分の関心を軸にして本を集める人もいる。小説家のジョン・ファウルズは、旅行書や殺人事件の判例集、回顧録を集めていた。彼にとってこうしたジャンルは「時をさかのぼるSF」であり、それらが書かれた時代のタイムカプセルを届けてくれるものであった。特定の作家や主題や製本スタイルの作品を探してもいいし、何かのシリーズを集めてみるのも面白い。著名な作家のあまり知られていない作品や、SF全盛期のペーパーバックを集めるのが好きな人もいるだろう。本のコレクションの指南書の多くは、「何かを専門的に集めないと金の無駄」と説く。ほかにも「本の価値は市場の需要に直結する」、「コンディションやカバーの有無は本の価格を決める重要な要素」、「安く買って高く売るには、価値がまだ上がっていない本——初版に近いものほど良い——に目をつける」などの基本原則がある。

本格的に収集したい人であれば、コレクション的価値がある貴重なカバー（一般に初版本の価値の6割はカバーが占め

ULYSSES
HIDE AND SEEK
A HISTORY OF THE MODERN WORLD
ILLUSTRATED GUIDE TO BRITAIN
WALKS & TOURS IN FRANCE
MUHAMMAD
David Copperfield
GREAT EXPECTATIONS
PIERRE CHAREAU
MANSIONS IN THE CLOUDS
GEORGE ELIOT
PEDIATRIC SYMPTOMS
Rugs to Riches
LIGHT IN AUGUST
WILLIAM FAULKNER
HISTORY OF ART
Why a Duck?
YOUTH SOCCER DRILLS
GRAHAM GREENE
THE Comedians
RUHLMANN
Jean-Michel Frank
DUPRÉ-LAFON

る)を保護するために、透明度の高いマイラーフィルムのカバーをきっとかけることだろう。また、埃がつかないようガラス張りキャビネットの導入をおそらく検討するはずだ。紫外線は本の褪色と劣化の原因となるので、ルーバーやブラインドやシェードで直射日光から保護しよう。書棚の上端にダウンライトを取りつけ、可動式のクリップオンライトを追加する方法もある。夏は焼けつくように暑く、冬は凍りつくように寒い地域では、空調の導入を検討し、屋外に面した壁側への書棚の設置は極力避けること——室内外の気温差によって、書棚の後ろの隙間に結露がたまり、カビやすくなるからだ。古い紙にあらわれる薄汚い茶色のシミも、部屋の湿気が原因とされるので、適切な場所に除湿機を置くのが得策だ。本を書棚の(奥行きに対して)中央に置いて、本と書棚のあいだに隙間をつくれば、空気が循環しやすくなる。また、本を斜めに倒して並べたり、書棚に詰め込みすぎたりするのも、背表紙を傷めることになりかねないので注意しよう。

本のコンディションやカバーの有無は、価格を決定する重要な要素

前ページ:アイルランド、ウェストミース州のタリーナリー城のタレットへと続くドア。イーヴリン・ウォーが称賛したこの書斎の最初期の蔵書は、のちに最初のロングフォード伯爵夫人となるエリザベス・パケナムが1780年代に入手したもの。彼女が主催するダブリンのサロンは「そこに行けば、この州で最も聡明な人たちに必ず会える」場所と評された。

右:ロンドン在住の作家にして編集者・研究者の図書室。気取らない雰囲気のこの部屋ではクラシカルな踏み台ではなく、アルヴァ・アールトがデザインしたバーチ材の3本脚スツールが脚立代わり。ただしスツールでは書棚頂部の奥に無造作に放り込まれた本までは届かないだろう。なぜ中央の鏡張りのアルコーブに本をもっと収納しなかったのか、不思議な気がする。

R S THOMAS
EVERYMAN'S POETRY
Dylan Thomas
welsh verse
Translations by Tony Conran
Twentieth Century Anglo-Welsh Poetry
Edited by Dannie Abse
seren
One Moonlit Night
IN PARENTHESIS
DAVID JONES
THE SLEEPING LORD
DAVID JONES
FABER
DAVID JONES
MYTHMAKER

前ページ：出版社別の分類でうまくいくのは、シリーズものの場合だけ。750以上ものタイトルを出版してきたランダムハウス社の「モダン・ライブラリー」や、20世紀初頭の作品のヴィラーゴ社復刻版（緑表紙）など、独特な外観をもつシリーズがその好例。

右：アレン・レーンが創刊したペンギン・ペーパーバックは、この種の並製本の草分け的存在。独特のロゴとオレンジと白の表紙が特徴的なので、まとめて並べると人目を引く。

一番右：20世紀半ばには、価格を安く抑えるために表紙を無地にした古典の廉価版がしばしば出版された。ミニマルなスキームになじみやすい。

右下：天金をこちらに向けて百科事典を積み上げれば、書棚に光彩が添えられる。

蔵書の整理

アン・ファディマンは「蔵書の結婚」という魅力的なエッセイのなかで、自分と未来の夫の蔵書の整理法がかなり異なることについて述べている。「彼の本は『文学』という包括的な旗のもとに統合され、民主的に混合される。あるものは縦に置かれ、あるものは横に寝かされ、あるものはほかの本の後方に配される。いっぽうわたしの本は、国籍別・主題別に分割されるのだ」。最終的には、彼女の「フランス式庭園」風整理法が、彼の「英国式庭園」的手法に打ち勝つことになる。

この難問に明快な答えがあるとすれば……うーん、蔵書の整理法に絶対的な答えなどあるはずもないが、一般的な妥協点はジャンル別（フィクション、アート、旅行、科学、デザインなど）に分けて、それから各ジャンルのなかで著者名のアルファベット順に並べる方法だろう。ただし、本の探しやすさより見た目の効果を重視する場合には――サミュエル・ピープスが、かの有名な3000冊の蔵書を分類したように――本の大きさや色で分ける手もある。面白いヴァリエーションとしては、出版社別に並べる方法もある。特にグランタ社やガリマール社の本は、表紙が特徴的なので効果的だ。あとは、こういう手法はいかがだろう？　収集順、出版順、デューイ十進分類法……おっと、あなたの家だ、お好きなように！

左：イベントスタイリストのジョー・ベリーマンの書斎。プロジェクトの構想中に貴重なインスピレーションを求めて本をあれこれ参照する時は、表紙をディスプレイできる棚が便利。

次ページ：3つのパーツで構成される重厚感のある書棚が、3人掛けのソファーと見事に調和。やわらかなレザー、低位置の照明、深紅の壁が会員制紳士クラブを想起させ、静謐な思索へといざなう。

書斎

書斎には図書室ほどの蔵書は必要ないが、この2つの空間が近い関係にあるのはまちがいない。持ち主がこだわり抜いてつくった書斎は、その人の蔵書に対する愛着や本の並べ方への思い入れ、性格の癖などが如実に現れる場所でもある。なぜなら人は、書斎という知的な隠れ家のなかで自分だけの趣味の世界に没頭できるからだ。イーモン・マケイブの写真シリーズ「作家の部屋」は、作家たちの癖のある個性を見事にとらえている。たとえば、ウィル・セルフは書斎に置いた炉胸にミリタリースタイルの黄色いステッカーを碁盤目状に張りつけているし、ベリル・ベインブリッジはタイタニックの模型を書斎に飾っている。そうかと思えば、V・S・ナイポールの書斎のような、何もない没個性的な部屋もある。いっぽう、批評家で詩人のクリーヴ・ジェームズの仕事場はカオスに包まれている。「持っているはずの本でも、買い直さなきゃならない。なにしろ見つからないからね」

近年、自宅で仕事をする人が増えている。諸経費が高騰し、テクノロジーのネットワーク化が進んだことから、多くの企業が「アウトソーシング」を採用するようになった。その結果、フリーランスライフが有望視され、ホーム

CHINA
TWICE OVER LIGHTLY
RIGHT PEOPLE
New Crowd
THE REST OF US
Kalevala
HENRI MATISSE
GRUNEWALD
Paul Klee
MICHELANGELO
Brancusi
Chartres

視界をさえぎるもののない細長いロフトは、どことなく落ち着かない。そこでつくられたのが、間仕切りの後ろに書棚を置いた小さなホームオフィスだ。さらにこのオフィスの持ち主は、豊かな発想で狭いエリアを2つのエリア——デスクエリアと水平思考を促すクッションエリア——に分けている。

次ページ：曖昧な空間に設けたオフィスの模範例ともいえるのが、オガワ/デパードン・アーキテクツが手がけたこのニューヨークのアパートメント。半透明の黄色いコットンスクリーンが陽光を透かしてほのかに輝き、地球儀やエキゾチックな旅行ポスターが灼熱の気候を連想させる。デザインの妙が冴えるデスクには、仕事が煮詰まった時のためにバカンス用の本をこっそり収納。

Fly
NORTHWEST
Orient AIRLINES
Hawaii
UNITED AIR LINES
Southern California
UNITED
AMAZONS

上：イタリアの田舎町の即席オフィス。フランス窓の前に机を置いて、明るい自然光を最大限に活用。日没後は低く吊るしたペンダントライトが机の上に光だまりをつくる。机が部屋の隅にあるため、座っていても両サイドの書棚に簡単に手が届く。書棚に引き出しがついているので、（デスクではなく）古いキッチンテーブルで十分。

オフィスに注目が集まった。ひと口にホームオフィスといっても、本格的な書斎から、古びた机と参考文献を載せた棚があるだけのシンプルなものまでさまざまだ。自宅のオフィスは、ダイニングルームやゲストルームなどの他のスペースと兼用になることが多い。一般に、書棚は組み立て式で機能性が重視されるが、多くの場合それは、（観葉植物やデザイナーズチェア、華やかな照明のように）部屋を特徴づけるアイテムである。また、無味乾燥な空間を、個性が際立つ部屋に変える（写真やお気に入りのオブジェのような）要素でもある。広い部屋の一部を目隠しして、慌ただしい生活空間からオフィスを切り離す場合は、棚ユニットを間仕切りに使うのが効果的かもしれない。ただし、オフィス空間を味気ないカラーボックスの入植地にするのはいただけない——せめて化粧紙を張ったタイプを使用しよう。

次ページ：エレガントな腰羽目に家族写真とペン画を立てかけて、ぬくもりのあるプライベートな書斎に。使用頻度の高い本はL字型デスクの端に積み上げ、残りの蔵書はユニークな「浮遊する」書棚に収納。ユニットは3本の垂直材が支えているが、上の2段は背面から張り出した片持ち式になっている。本を半分仕切る作りつけのブックエンドに注目。

STORM
BRICK LANE
Tutankhamen
NATURE OF AUSTRALIA
DIAMONDS
ENGLAND
MAO
VERNON GOD LITTLE
DOUGLAS ADAMS
SOUTH AFRICA
CARLA CARLISLE
K2
POCKET
WALKING THE SHADOWS
A.S. BYATT
MR NICE
IAIN BANKS
COMPLICITY
SNOW FALLING ON CEDARS
SALMAN RUSHDIE
THE MOOR'S LAST SIGH
BILL BRYSON
HAND TO EARTH
GREAT ESCAPES
ALHAMBRA
COUNTRY ESCAPES
art in nature
BIRDLIFE
The Most Beautiful Villages of England
INSIDE ASIA
INSIDE AFRICA
CREATING A GARDEN
WOOD
ORGANIC
GARDENS by the Sea
THE ENGLISH ROSES
The Garden Maker's Manual
PETER BEALES A Passion for Roses
TULIPS
grasses
RICHARD MABEY

前ページ：風雨にさらされたエッジに釘の穴が並んだ廃材の荒削りな印象を、透け感のあるカーテンと可憐な花の静物画が和らげている。 にわか作りでも頑丈な棚なので、ハードカバーをたくさん並べてもたわまない。

グラフィックデザイナーには、余白の美について語り出したら止まらない人が多いが、同じことがインテリアにも当てはまる。プロヴァンスのこの書斎では、棚の空白が陳列物——木の帆船、薬剤用広口瓶、使い古したバケツなど——を引き立てている。 ハンドメイドの梯子とテーブルの脚で視覚的リズムを刻み、ラップトップも白で統一して、全体的に肩の凝らないアートな空間に。

キッチンとダイニングルーム

「味見すべき本はある、飲み下すべき本もある、しかし、噛みしめて消化すべき本はまれである」(フランシス・ベーコン)。この30年でキッチンほど劇的な変化を遂げた部屋はない。骨の折れる家事労働の場から、住まいの中心へとキッチンが移行したことで、クッキングのイメージも華やかで魅力的なものへと変化した。このことが――おしゃれなデザイナーズキッチンであれ、優雅なファームハウスキッチンであれ――キッチンやダイニングスペースでの本の収納法や場所にも影響を与えている。

〈モデュールノヴァ〉がデザインした「マイ・キッチン」。このショールームのヴァージョンでは調理エリアから離れた長いローシェルフに本が収納されているため、朝食カウンターから手軽に拾い読みできる。艶のあるホワイトとマットなブラックが織りなすポリマー仕上げのモノトーンデザインに合わせて、本もグレーとホワイトとブラックでカバー。写真提供：オルタナティブ・プランズ

読者は書物の摂食者であり、書物は魂の糧である。われわれは作家の文体を賞味し、評伝を味わい、ミステリー小説を(たとえそれがいい加減《ハーフベイクド》な作品であっても)常食とする。1980年代後半、マクドナルドの拡大に対抗するべくイタリアでスローフード運動を興したカルロ・ペトリーニは、独自の哲学を端的に表現した。「アルマーニのパンツをはいたとしても、それはわたしの一部にはならないが、ハムを食べたらそれはわたしの一部になる。わたしが食べ物に金をつぎ込む理由はそこにある」。同じことが本にもいえる。多くの現代人がオフィスでのハードな1週間を乗り切れるのも、半端な出来合いのものを食べながら、くだらないテレビ番組を見て頭をからっぽにするからだ。それでも電子レンジで温めたものを胃に詰め込むのと、じっくり煮込んだキャセロールを味わうのとでは大きく違うように、お決まりのお笑いネタで半時間笑うのと、緻密に練られた小説から深い感動を得るのとでは雲泥の差があるはずだ——書物と食事をこのように対比させてもそれほど的外れではないだろう。

キッチンデザインの変化

『ビートン夫人の家政読本』がまだ主婦たちの手引書だった戦後の時代、蒸気や煙が立ち昇るキッチンは、一般に住まいのほかのスペースから切り離されていた。現代人の目には、当時のキッチンは家庭のなかの牢獄のように映るかもしれない。小説家のジュリアン・バーンズは「遅咲きの料理人」というエッセイのなかでこのように述べている。「食事と母がそこから現れるのだが——食材はたいてい父の家庭菜園で採れたものだった——菜園から食卓までの中間プロセスについては、父も兄もわたしも一度も尋ねたことはなかったし、尋ねたほうがいいような雰囲気にもならなかった」。1980年代に換気扇の性能が非の打ちどころのないレベルに達したことが、オープンプランのキッチンが誕生する大きなきっかけとなった。多くの家庭でダイニングと調理エリアとが密接に結びつき、農家の台所はもとより都会のキッチンでさえおしゃれな空間になった。調理エリアと住まいのほかのエリアとが再統合された結果、「食事の支度」のイメージも、従来のものからクリエイティブでスキルを要する——さらには箔をつけるための——活動というイメージに変化した。かくして高価な(概してあまり使われない)道具や家電製品であふれる「ショールームのようなキッチン」は料理界での成功を宣伝する媒体となり、有名シェフたちは自著の豪華な料理本を売り込むために、誰もがあこがれる素敵なライフスタイルをこぞって披露した。

人生のレシピ

味覚と嗅覚は、過去への直通回線《ホットライン》のような感覚だ。たとえばプルーストの『失われた時を求めて』には、菩提樹の花《ライムブロッサム》のハーブティーに浸したマドレーヌの味覚の記憶が引き金となっ

前ページ：リビングとキッチンの境界を彩る洗練された収納ユニット(電気ケーブルやスイッチも格納)。クールブルーの海のなかでホットな色合いを提供するこの棚は、周囲の壁から数センチ突き出てその存在をアピールしている。

ヴィクトリアンハウスでは半地下エリアが、庭に隣接するキッチンと広いダイニングエリア――かつては屋敷に仕える人々が寝泊まりしていた場所――のついた大きなスペースにしばしば改装される。炉胸とアルコーブは上階の配置を踏襲。

て、語り手のなかでさまざまな思い出が蘇るという有名なシーンがある。同じように、キッチンに置いた料理の本はたんなるレシピ集ではなく、大人になってからのさまざまな通過儀礼――学生時代の下宿生活、独身アパートへの引っ越し、結婚生活のスタート――を思い出させるものでもある。汚れないようにガラス戸の奥にしまい込んでいる場合をのぞけば、料理本についたどのシミにもそれぞれ物語があり、そのどれもが恋人との甘いじゃれあいや、にぎやかなディナーパーティ、気まずい家族のランチなどを想起させる。一般に人は食事を共にすることでたがいの結びつきを強めていくが、21世紀の現在、家族の団欒という言葉はどこかノスタルジックなトーンを帯びるようになっている。大手保険会社の最近の調査によると、キッチンテーブル

下：〈オルタナティブ・プランズ〉が販売するおしゃれな高級キッチン。本を収納したスレンダーなダークオークの化粧張りオープンユニットと、ヘーゼツナッツ色の艶やかなガラス張りキャビネットを交互に配置。直交する朝食用カウンターから拾い読みできるよう、料理本が最適な位置に置かれている。

を囲んで朝食をとる時間のある人は10人に1人、夕食を家族でとる人は全体の3分の1世帯しかないという。実際この30年で、キッチンは実用的な厨房から、住まいの中心となる多目的エリア――家族が勉強をしたり、おしゃべりをしたり、メールをしたりする場所――へと変化した。このことが本の収納方法や場所、さらにそこに収納される本の種類にも影響を及ぼしている。

フィティッドキッチン

横1列に配されたキッチンをのぞけば、現代のキッチンの多くは、保存(冷蔵庫)・下ごしらえ(シンク)・調理(調理器具)の3つの機能を三角形の頂点とする、「作業トライアングル」のコン

下：コペンハーゲンのキッチン。〈ネオ・ヌーヴォー〉のペンダントライトやベティ・ブープの切り抜きなどの装飾的なスパイスで、モノクロームのスキームを明るい印象に。「浮遊する」片持ち棚と横積みの本が、ヤコブセンのバタフライチェアが並んだテーブルの長さを引き立てている。

金具で固定した書棚から飾り気のない機能美が漂うフィラデルフィアの邸宅。 肩の凝らない空間だが、下の段では本を横に積み、上の段では縦に並べることでクラシカルな円柱構造を模倣している。

下：スタイリストのアーニャ・クープスとシェフのアレイン・パリーのアムステルダムの自邸。小さなヤギかシカの角を料理のブックスタンドにアレンジ――これこそ「箔付けキッチン」にふさわしい仕掛けだろう。

右：大きさの異なるパーツで構成される〈コントラフォルマ〉の「クワッド」。組み合わせ次第で、本のほかにもさまざまなアイテムが収納可能。現代の直線的なユニットキッチンとのコントラストも楽しめる。

セプトに沿ってデザインされる。本の収納法を検討する際には、これら3つのエリアを適度に近づけて配置し、邪魔なものは極力排して、家事動線の最適化を図るよう留意しよう。どれほど多くの料理本を持っていても、使用頻度の高いものは大体かぎられている。キッチンに本の収納スペースがあまりない場合、食の百科事典といった広範囲をカバーするものや郷土料理の本などは、普段はどこか別の場所に収納し、必要な場合にのみご登場いただこう。

安価なものでも作りつけ《フィティッド》のキッチンは注文設計できるシステムになっているので、この手のキッチンを購入する際には、「厳選した」料理本だけでなく、親から受け継いだ家庭の味のレシピ集や新聞・雑誌の切り抜きをファイルしたルーズリーフホルダーも収納できるように注文するのがおすすめ。こうしたものは可愛い箱やかごに入れて棚に並べても素敵に見える。

料理本を汚したくないという人は、ガラス扉付きキャビネットや戸棚に収納するといいだろう。ただし、現代のキッチンはどちらかというと衛生的な研究室のような雰囲気のものが多

デンマークのインテリアブランド〈ライス〉の共同創業者シャルロッテ・ゲノーは、2枚の棚板とその下のテーブル天板の長さと厚みをそろえることで、短い棚の孤立感を解消した。ブラケットが漆喰の下に隠れているので、棚が優雅に浮かんでいるように見える。

右：ブラケットで固定した木製棚は、オーソドックスなファームハウスキッチンの定番アイテム。クリーム色の陶製タイル、レトロな秤、クリスタルのケーキスタンドともしっくりなじむ。

一番右：無造作な配置は、昔ながらのキッチンの魅力の1つ。写真の使い古した設備は、鍋や本の棚にもなるし、マグカップラックにもなる「1人2役」のスグレモノ。

下：オープンプランのヴィクトリアンキッチン。柱と梁の出っ張りに隠れるように取りつけた書棚はキッチンからやや離れているので、いつも使う料理本の収納には向かないかもしれないが、たまに参考にする本の収納には打ってつけ。

本を「見せる収納」にすることで、人間らしいぬくもりと彩りが添えられる。

いので、本を「見せる収納」にすることで、モノクロームの空間に人間らしいぬくもりや彩りが添えられる。それに、キッチンに置いた本は、最新の電化製品を見せびらかすよりも、楽しく料理をする姿のほうが人の心に響くことを思い出させてくれるものでもある。とはいえ、洗練されたユニットキッチンではその場で使うもの以外は片づけておくほうが、作業台の流れるようなラインとユニットのすっきり感が引き立つのも事実だ。背表紙が突き出ないよう棚を壁に組み込むと見た目にも美しい。フィティッドキッチンの一角に書棚を組み込む場合は、大型本の背表紙が飛び出して、直交する引き出しやドアの邪魔になると困るので、棚に奥行きが十分にあるかを事前にチェックしておこう。天井の高いキッチンでは、大人が届きやすい高さに取手がくるよう吊りキャビネットを設置すれば、その上を本の収納スペースに使えるかもしれない。ただしその場合は、すでに食器や食料品で満杯になっているキャビネットにさらに相当な重さが加わることになるため、キャビネットが壁にしっかり固定されているかを確

上：縦羽目張りのセージ色のカップボードと落ちついたイエローの壁が、ステンレスの調理台や冷蔵庫の高級感のある光沢と印象的なコントラストを成す。オレンジ色の四角いキャビネットが全体を引き締めている。カトラリーラックを羽目板に取りつけることで、リズミカルな垂直性が強調された——たぶんここのオーナーは過剰な縦長ラインに食傷気味だったのだろう、料理本は倒れたままだ。

認しておく必要がある。広いオープンプランのスペースでは、本を収納する方法がほかに2つある。1つはキッチンアイランドに収納する方法。アイランドは中央の作業台でも、広めの朝食カウンターでもかまわない。どちらも本をさっとしまえて、さっと取り出せる便利なスペースだ。また、キッチンとダイニングが一体化した空間であれば、オープン棚のユニットを間仕切りにすることもできる——これならゲストを招いた時でも、料理をしている人は作業に集中できるし、手が空けばゲストとのおしゃべりも楽しめる。

ファームハウスキッチン

一般に農家住宅《ファームハウス》のキッチンは、食事の支度の様子がよく見える構造になっている。食器はしまわれずに戸棚の上にディスプレイされ、深鍋はフックに掛けられ、料理本——使いこまれてい

るほど味わいがある――は、錆びた金具のついたパイン材の専用棚などに並べられる。こうしたキッチンは人が集まる心地よい空間となる。昔からファームハウスキッチンはアーガ（大型コンロ）の熱でいつも暖かく、ぬくもりのある赤とクリーム色でペイントされてきたが、その暖かさは、異質なものが組み合わされた乱雑さにも由来する。調理エリアから自然に生えたような一枚板のウッドテーブル。小さな本箱や本棚が窓際のベンチの下に並び、窓の向こうには菜園が広がっている。人々は重力に引かれるように、母の胎内のような居心地のいいこの空間に引き寄せられる。それにこうしたキッチンでは、料理をしている人もパイが焼き上がるまでの時間やブイヨンをコトコト煮ているあいだに、シェリー酒を1杯飲んだり、読書にしばし没頭したりして自分の時間を楽しむことができる。さらに、農家のキッチンはたいてい庭に通じているので、ガーデニングをアドバイスするには便利なスポットにもなる。

上中央：針金の輪に掛けたアンティークの麺棒から、素敵な食器セットに至るまで、すべてが使いこまれた独特の味わいを醸すキッチン。オープンエンドの棚に本を積み上げて、即席のブックエンドに。

右上：食器棚の中央にあいたスペースには、マグカップを吊るすのが一般的だが、書棚として使っても本をすっぽり収納できる。

左：マルマン・シードマン・アーキテクツが手がけたハチミツ色のニューヨークのアパートメント。読書と食事というこの部屋の2つの機能をクラブチェアが仲介。普通なら、これだけ多くの壁面を本で覆うとダイニングエリアが息苦しく窮屈な印象になるが、テーブルまわりの空間を広くとり、ドアから採光することで明るくゆったりした空間に。

下：ダイニングテーブルの横にスピーカーやアートブック、雑誌がある空間。食事をしながら、読書や音楽を楽しむ家族の様子が目に映る。

次ページ：フランスの海沿いに建つ住宅。縦羽目板の規則正しいパターンが、郷愁を誘う流木や釣道具、油絵のスケッチ、19世紀の陶器、インク壺、書物をまとめ上げ、全体に統一感を与えている。棚の上に本箱がすっきり収まっているところが、いかにもフランス的。

ダイニングルーム

「ディナーは正装で」という言葉がほぼ死語になったのと同様に、独立したダイニングルーム（高級置時計が置かれ、高価な陶磁器が並ぶサイドボードのある空間）も、それが醸していたフォーマルな雰囲気とともに消えゆく運命にあるのかもしれない。自宅に独立したダイニングルームがあったとしても、家族はたいていキッチンのテーブルで食事をとるか、テレビを見ながら膝の上に皿を載せて食事をするかのどちらかだろう。

L'ART DÉCORATIF À VENISE
L'architecture mondiale
ROME
C'ÉTAIT AU TEMPS DES YACHTSMEN
VOILE
Yachts classiques
DES MÉTIERS ET DES HOMMES
L'Hermione
L'ART DE VIVRE EN BORD DE MER
BEATLES
ANTHOLOGY
1492
Jacques Attali
JÉSUITES
JÉSUITES
PROUST
LA FRANCE
HISTOIRE DE LA
LOUIS

BIRDS
INSECTS
WILDLIFE
PHILOSOPHY
ART & ARTISTS
QUOTATIONS
STAINS
THE OPTIMUM NUTRITION BIBLE
THE CURIOUS COOK
NIGELLA LAWSON HOW TO EAT
NIGELLA LAWSON
THE RIVER CAFE COOK BOOK
FRUIT
Mushrooms
PESTS & DISEASES
FARMHOUSE COOKERY
The Cookery Year
HERB BOOK
VEGETABLE BOOK
VEGETABLES

前ページ：本をガラス扉の奥にしまうと視線は本よりも本棚に集まるが、ダイニングルームではそれも悪いことではない――棚に並んだ書物は、食事という世俗的な行為にそぐわないのだから。写真は16世紀の造園家のサマセットの邸宅。キャビネットがまるで誂えたかのように空間に溶け込み、粗く削った木製調理道具と素焼きの壺が、キャビネットのクールな色合いとシャープなラインに人間的なぬくもりを添えている。

上：フランスの古物商の自宅にある薄暗いダイニング。窓から射し込む光は本には吸収されず、キャビネットのガラス扉が反射。ガラスを彩るゴシック風縁飾りが――メタルの星やクリスタルの飾り玉、ゴールドのフィニアルのついた――素朴な渦巻きシャンデリアと視覚的に響き合う。全体としてはどこかくすんだ印象だが、テーブルの節と椅子に張った粗い麻布が空間に質感を与え、背表紙が落ちついた色彩を加えている。

日常生活ではあまり使われないダイニングルームだが、少しでも使用頻度を上げるために、大きなダイニングテーブルを利用して家事室や図書室としても使われることが多い。いずれにしろ本がダイニングになじむのは、書物が食事時の良き友だからである。本があるおかげで1人の食事が楽しい読書タイムになることもあるし、ディナーパーティで話が盛り上がることも、家族が和解するきっかけになることもある。さらに本を構成する布や革や紙には、グラスやカトラリーがたてる音を吸収する効果がある。書棚は、テーブルのスタイルや厚みと調和するデザインが好ましい。垂直材に小さな絵や写真を掛ければ、書棚の知的な印象が薄らぐので、消化不良を起こすこともないだろう。

このページと次ページ：インテリアデザイナーのポール・デイリーがバービカンのアパートメントのためにデザインした「浮遊する」組み立て式収納システム。オープンキャビネットとクローズドキャビネットを組み合わせることで、ダイニングルームの必需品（調味料入れ、食器、ランチョンマット）の収納と、本やCDのディスプレイを同時に実現。角をそろえた本のタワーとスチールランプの垂直性が、水平性の強い収納ユニットとコントラストを成している。

GLORIA STEINEM
FRANK RICH
Richard Russo
TOM WOLFE
MY SECRET HISTORY
PAUL THEROUX
DAVID BAILEY ARCHIVE ONE
PONTORMO
WILLIAM SHAKESPEARE
THE COMPLETE WORKS
WALK ON BY
SONDHEIM & CO.

ベッドルームと
バスルーム

「本ってもんがいまだに存在してるのはいいことだと思うが、あれを読むと眠くなる」（フランク・ザッパ）。ベッドのなかで何を読むべきかという問題は、寝室で直面する難題の1つにすぎない。本をクローゼットの上に並べるにしても、無造作に積み上げるにしても、あるいはサイドテーブルに置くにしても、ベッドルームでの本のディスプレイは、「休息・ロマンス・回復」という寝室のおもな機能に大きく作用する。

〈センチュリー〉のアンドリュー・ウィーヴィングがこだわり抜いて改修した「ミッドセンチュリーモダン」なフロリダの牧場住宅。ヘッドボードにもなるキャビネットは4つの扉を開くと水平に倒せるので、両端の扉が折りたたみ式サイドテーブルに（挿入写真）。ジョージ・ネルソンのボールクロックがアンサンブルの指揮者のように空間全体をまとめ上げている。

Borsalino
LO ZEN E L'ARTE DI SCOPARE

理想の世界の寝室は、もっぱら睡眠と休息と性生活のために使われ、そこには心と身体を癒す甘いムードの室内装飾が施される。しかし現実には、理想の世界の住人などめったにいない。一般家庭のベッドルームは、給与明細を入れた箱をベッドの下に隠すとか、とっておいた包装紙をタンスの脇に突っ込むなど、来客時に雑多なものをとりあえず押し込んでおく場所になりがちだ。散らかった部屋で心休まるはずもない。特に都会では多くの人が手狭な家に住んでいるため、共用スペースの喧騒から逃れてメールや電話をしたり、音楽を聴いたり、勉強したりするには2階に退散するしかないこともある。

繭のようなベッドルームの雰囲気には集中力を高める働きがあるようだ。多くの作家もそのように感じていた。ジョン・アップダイクによると、プルーストもコレットもイーディス・ウォートンも、寝具にくるまりながら執筆したという。ジェイムズ・ジョイスも「草稿や覚書であふれる自分とノラのベッドに大の字に寝そべった」とされている。喘息に悩まされたプルーストは、パリのアパルトマンの整然とした寝室をコルク張りにして、オスマン大通りの喧騒を遮断した。昼に眠り、夜に執筆した彼は、寝室を「記憶の収蔵庫」と「外界から身を守る防護壁」にすることで、『失われた時を求めて』を完成させた。意識を集中させるには頭をすっきりさせて、脳のシナプスを発火させる必要があるが、哀しいか

前ページ：舟形ベッド、浜辺のモノクロ写真、古びた革のスーツケース――ヴィンテージステッカーを貼って円柱風に――そして、レトロなダイヤル式電話。アールデコの豪華客船を思わせる小道具の数々。さて、デッキでどの本を読もうか？

左：ウェールズのアーツ・アンド・クラフツ住宅。チャールズ・レニー・マッキントッシュが手がけたグラスゴー郊外のヒルハウスをモデルにしている。写真の縦長のエレガントなアルコーブは寝所の一部。

右上：シンプルな鋳鉄製ブラケットが、就寝時の読書にぴったりの本立てに。

右：カトリン・アレンスの素朴な家具と、〈アルテミデ〉の精緻でスタイリッシュなミニウォールランプ「トロメオ」とのコントラストが効いたイタリアの邸宅。

Anderson
Amy O'Neill
Ruins
NOT A
MONUMENT.
Wolfgang Tillmans
TASCHEN
Edward S. Curtis
Hans Christian Adam
PARIS DES PHOTOGRAPHES
Crazy City
BRIGHT YOUNG THINGS LONDON
BARCELÓ
DJENNÉ
New Paris Interiors
Vivre au Mexique
LUIS BARRAGAN
THE QUIET REVOLUTION
Barragan Foundation
Vitra Design Museum
Le musée de la maison

前ページとこのページ：あれっ――本が本棚を支えている！　と思ったら本棚ではなく、パリで活躍するクラフトアーティスト、ナタリー・レテのアクセサリーで溢れる引き出しだ。 花輪のようなネックレス、手縫いのハート、ベッドヘッドの上のユニークなアップリケが、ベッドルームをロマンティックで独特のぬくもりのある「繭」のような空間に仕立てている。

な、脳が冴えると寝つきが悪くなる。臨床心理士は不眠症患者に、仕事や勉強のエリアと寝室とを一緒にしないようアドバイスをするが、「それができれば苦労はない」と思う者もいるだろう。妥協策としては、デスクとラップトップと参考文献の棚を1箇所にまとめて、身体を休める場所から視覚的に切り離す方法がある。

ベッドで読書

趣味の読書には、ほかでは得られない魅力がある。特に小説は寝室での読書に最適だ——人間の内面を形にするのが小説の本質であり、われわれはそのなかで登場人物の心の内をのぞくという特権を付与される。寝室は、1人で物思いに耽り、恋愛の作戦を練り、人生をより良くするためのプラ

枕の真上に走る張り出し棚をヘッドボードにしたベッドルーム。中央の写真を境にして、左側に寝る人の本と、そのパートナーが読む本とが並んでいる。

次ページ：パネルドアの隠し引手を引くと書棚が見える収納スペース。ユニットの底面に埋め込んだダウンライトで、ヘッドボードに飾った家族写真を照明。赤い縦置き電話が草色の壁を引き締めている。

ンを立てる場所である。そこで小説に囲まれて過ごしたいと思うのもごく自然なことであろう。ハロルド・ブロドキーは、1冊の良書に耽溺することを恋愛になぞらえた。さらに彼は妊娠にもたとえているが、それは「その体験の只中にいる人が、そこから生まれ出ようとしている」からである。さらにその100年前、ラルフ・ワルド・エマーソンがこう述べている。「人生において親や恋人と同じくらい大切な書物と、何かに熱中した経験は、われわれの心に薬のように作用し、抗いがたく、革新的で、絶大な力を持っている」

『ザ・ニューヨーカー』誌の編集者だったクリフトン・ファディマンは、「ピロー・ブックス」というウィットに富んだエッセイのなかで、入眠前に読む本を2つのタイプ——眠気を吹き飛ばす本と眠気を誘う本——に分けている。ファディマンによると、詩人のコールリッジは阿片チンキを飲んでも眠れない時に、同じく詩人で友人のサウジーがつくった無韻抒情詩を読んでいたというが、一般に退屈な本は導眠剤には向いていない。「冴えない書物で落ち着くのは、冴えない頭脳だけであ

ハロルド・ブロドキーは、1冊の良書に耽溺することを恋愛になぞらえた

左：エレガントな作りつけのクローゼットに取りつけた厚い木板が、扉口を縁取りつつ、その上の本箱を支えている。長方形の書棚を、ドアの一番上の鏡板のプロポーションに合わせてほぼ半分に分割。本箱の上の小さな隙間には収納力はほとんどないが、その深い影から部屋全体のヴォリュームがイメージできる。

る——それなりに健全な脳の持ち主であれば、退屈な本で心が休まるどころかイライラするものだ」それとは反対に、ハラハラドキドキの冒険小説や抱腹絶倒のコメディー、虫酸が走るほど嫌いな政治家の評伝——ドロシー・パーカーいわく「そっと脇に置く」のではなく、「思いっきり投げつける」べきたぐいの本——といった強い感情を呼び起こす散文も避けたほうが無難だろう。

また、何かにつながれていたいという束縛感や、どこかへ行きたいという放浪願望がある人は、旅行に関する本は読まないほうがいいかもしれない。同様に、食べ物の歴史や郷

コネチカット州の屋根裏のベッドルーム。フィリップ・スタルクがデザインした「ニョメス」のガーデンテーブルが、見事な収納法を見て満足げに微笑む。壁から壁までのびる戸棚の上に本を並べて、梁の出っ張りの下にすっぽり収納。Aフレームの屋根の下に押し込まれたようなこの部屋では、オーソドックスな書棚が置けるような壁面スペースがほとんどないため、このようなデザインが考案された。

WINDOW DESIGN
JAPANESE DESIGN
ARCHITECTURE NOW

左：L字型や長方形のユニットを格子状に連結させて壁一面を覆った特注の収納ユニット――おそらくベッドのパッチワークキルトからデザインのヒントを得たのだろう――には本のほかにも、ここに住むカップルの思い出の品々が飾られている。だからこそこの棚は、2人がともに歩んだ人生の大切な一部。

土料理の本を読むと、夜食を求めてふらふらと冷蔵庫に向かうことになりかねない。夜を締めくくる読書とは、「現実から静かに退却して、自分だけのささやかな世界に浸る行為」であり、夢と現《うつつ》をつなぐ掛け橋となるべきものである。最後にファディマンはこう結ぶ。就寝時の読書に最適なのは「明日の存在を忘れさせてくれる」書物であると。

棚の問題

では、ベッドルームでの本の収納およびディスプレイはどうすればいいのだろう?　ふむ、ロンドンの〈スクール・オブ・ライフ〉の読書療法士《ビブリオセラピスト》、エラ・バーサウドは「就寝時に読む本以外は」とにかく本を寝室に置かないことだと助言する。「寝室は静かで落ち着いた雰囲気にしておくのがいちばん」というわけだ。わたしはそうは思わない。少なくとも「無人島の1冊」に値する本――自分が多大な影響を受けたと思う本――を身のまわりに置くことで、われわれは、何も要求しない古くからの友人に囲まれつつ孤独を愉しむことができる(プルーストが指摘したように、現実の友人であれば話がつまらなくても興味のある振りをしなければならないが、本がつまらない時は自分を偽る必要はない)。とはいえ、圧迫感を覚えるほど壁一面を本で埋め尽くすように勧めているわけではない。居心地のいい空間づくりを目指すのなら、本を数

通常、棚と棚が直角に接する際には本をどう置くかという難問が生じるが、この変則的な形のベッドルームでは、2つの壁が鈍角に交わるおかげで問題を回避できた。ドアの背が高くその上の棚が狭いため、小説が横積みになっている。

上：サセックスの人里離れたコッテージの片流れ屋根の下に設けた寝室。洞窟のような空間だが、鋳鉄製ベッドのロマンティックな曲線と甘く優美なパッチワークキルトのおかげで、それほど殺風景にならない。シンプルな棚の金具は、元からあった板材でカバー。

右上：アイルランドのキャッスル・ドダードの隠れ家のようなベッドエリア。明るい空間に向かって開かれたパネルから光が射し込み、ベッドの上が心地よい読書スポットに。修復・拡張されたモダンな壁を古地図で覆うことで、本を空間になじませている。

冊積み上げておくだけでも雰囲気が出る。この場合お好みで、本を無造作に積み上げても角をそろえてもOKだ。ベッドサイドテーブルやオットマン、あるいはベッドの足元のベンチの上に積んでもいいし、アンティークの梯子の踏み板に飾っても素敵になる。片流れ屋根の下や改装した屋根裏にベッドがある場合は壁が傾斜しているので、おそらく上記の方法をとらざるを得ないだろう。

ベッドが床面積の大半を占めるような小さめの部屋では、天井付近の高さに棚を設けて三方の壁を棚でぐるりと囲むのも手だ。これなら、限られた壁面スペースを有効利用できるし、ベッドを足台にすることで、普通なら届かないところにも手が届く。そうした棚は――特に壁のカラースキームとさりげなくコントラストを効かせるようにペイントすれば――コーニスのような役目を果たし、ボックス型の部屋の直線的なイメージを和らげてくれる。ほかに、サッシ窓の隙間や作りつけのクローゼットの上などを本棚に活用すれば、雑多な印象にもならないだろう。

HIP HOTELS
London
Beckett
The Roald Dahl Treasury
WORKING
England
Scotland
England
Frost*

枕元に本がポンと落ちてくる書棚。 朝ベッドでごろごろ読書をするにはこれ以上のものはない。

前ページ：読書に最適なスカイライト。 ベッドからすぐ手が届くシンプルな張り出し棚が壁の端から端を占めているが、圧迫感を与えない。 この狭いボックス型の部屋では、マットレスの下も貴重な収納スペースに。

WRITERS ON ARTISTS
WRITERS ON ARTISTS
ANDREW WYETH

GOOD FOOD ON THE AGA by AMBROSE HEATH
HOW TO RUN YOUR HOME WITHOUT HELP by KAY SMALLSHAW
THE RUNAWAY by ELIZABETH ANNA HART

書棚に空きスペースがある場合は、ブックエンドや花瓶などのオブジェを使って、本が倒れないようキープする（前ページ右上）。それでもうまくいかない時は、本を斜めに倒すよりも、積み上げるほうがはるかにいい（左上）。本を斜めに倒すと、背に余分な圧力がかかってしまう。もう1つの禁止事項は、しおりを使わずに本を伏せること。ペルセポネ・ブックスのグレー版のしおりには見返しと同じパターンがあしらわれている（前ページ左下）。書棚が壁に組み込まれている場合は、本が気温の変化の影響を受けないよう注意しよう（前ページ左上）。

本のお手入れ

最初に、本の扱い方と手入れ法を簡単に3つ紹介する。本はブックエンドで支えるか、本どうしで支え合うように並べること——斜めに倒すのは厳禁だ。また、背表紙の上端をつかんで取り出すと、ヘッドキャップを傷める恐れがある。さらに本に触る前には、きちんと手を洗うこと。表紙やページの汚れの多くは、手の脂や手垢の付着によるものだ。長期的なケアとしては、光を必要以上に当てないようにして、できれば年に2回は柔らかい刷毛で「天」に溜まった埃を払うといいだろう。この時、背表紙と反対方向に掃き出さないと、埃が背表紙のなかに永久にたまることになるだろう。せっかくだからこの機会に、虫がついていないかもチェックしよう。古い革装本にクリームを塗り込むのは現在では好ましくないとされているが、とりわけ傷みやすい本は巻いたタオルで両側から支えるなどの特別なケアが必要。最後に、プラスチックやビニール（有害ガスを出すものもある）のなかに本を長期間保管しないこと。大きな気温の変化の影響を受けやすくなるので、屋根裏や地下室に本を追いやるのも禁物だ。

鍵のかかるドアのついた寝室のなかはクリームとホワイトの世界。チェストの上の淡い色の貝殻や、アームチェアの雪のようなカバーの繊細な色合いが、心落ちつく読書コーナーを演出。白のコンセプトは、背表紙のやわらかな色のニュアンスにも反映されている。

書棚の共有

これまでは自分だけの城に住む独身貴族や王様・女王様を対象に書いてきた。しかし、配偶者やパートナーとスペースを共有する場合には、また別の問題が持ち上がる。多くの人は、ベッドのどちら側に寝るかについて驚くほど強い好みと縄張り意識をもっているので、各自が読む本はそれぞれが寝ている側のサイドテーブルに置くという古くからのしきたりはいまでも完璧に通用する。ダブルベッドではデザイン上の選択肢がかぎられてくるが、書棚と読書灯を内蔵した横長の

白で統一されたベッドルーム。上部のパーティションが、書棚・戸棚・観葉植物のエリアと、もっぱら眠るためにデザインされたベッドエリアとをさりげなく分けている。装飾性豊かなシャンデリアと優美な鋳鉄製の椅子で、淡泊になりがちな空間を華やかに。

MARTHA
JONATHAN FRANZEN
MAPPLETHORPE
CARAMELO
CALL IT SLEEP
GANDHI
becoming myself
WILLA SHALIT

ヘッドボードを使うという手もある。ヘッドボードに並べた本を背後から照らせば、連峰のようなシルエットが生まれ、視覚的に癒される――この時、背表紙は読みにくくなるが、これから読む本や、いま読んでいる本を枕元に並べれば特に問題はないだろう。体内時計がパートナーとリンクしている人はラッキーだが、夜型と朝型のカップルの場合は、夜間の照明を見直すことで喧嘩の火種を消すことができる。性能のいいコードレスの読書灯や、本に取りつけるLEDクリップライトがおすすめだ――ただし後者は、読書の邪魔になることも。

本のジャンルは
滞在期間の
長さに見合った
ものにしよう

前ページ：サイコセラピストのロバート・レヴィサンには、インテリアデザイナーというもう1つの顔がある。写真はニューヨークの彼のアパートメント。書棚をL字型に配することで本の大量収納が可能になった。枕の位置から直接見える背表紙が、寝ながらにしていつでも本を取り出せる「便利な図書目録」に。

右上：壁一面の窓から光が降り注ぐベッドルーム。バリスターブックケースのガラス扉で、埃と紫外線から本をガード。

ゲストのための本

自宅に誰かが滞在する時は、その人の好みや趣味に合うと思われる本を書棚に並べておくと、もてなしの心をさりげなく伝えることができる。たとえば行動派の人には、フリークライミングの世界名所写真集や、ジョージ・オーウェルの『カタロニア賛歌』、キャプテン・クックの航海日誌はどうだろう。科学者にはスティーヴン・ジェイ・グールドの科学エッセイ集とか、オリバー・サックスの『妻を帽子とまちがえた男』がいいかもしれない。当然ながら、本のジャンルは滞在期間の長さに見合ったエッセイや書簡集、短編がおすすめだ。読み出したら止まらない分厚いスリラーなどは――特に滞在客と一緒に過ごしたい場合は――最適とはいいがたい。あなたがどのような本を選んだとしても、自分専用の「特設ライブラリー」がベッドの脇にあるのを見つけたら、ほとんどの人はその心遣いに胸を打たれることだろう。

トイレとバスルーム

トイレの書棚コーナーの本を選ぶ際にも、書籍のジャンルは重要なポイントとなる。格言集や『ザ・ニューヨーカー』誌の漫画、詩のアンソロジー（ちなみに、わたしのお気に入りはシェイマス・ヒーニーとテッド・ヒューズの共著『ガラガラ袋』）は個室にいる時に男性が感じる——どうやらおもに男性時有の感覚らしい——ほっとした気分や、ぼんやり考えごとをするような精神状態にしっくりなじむ。素敵な縦羽目張りのトイレに既製の棚を取りつければ、誰かがクリスマス直前に慌てて買った贈答用図書を並べるのにちょうどいい。そして、万が一トイレットペーパーが途中でなくなった時には……。米国の小説家ヘンリー・ミラーは、自分の「下のほうの機能」と教養高い趣味を織り交ぜてこう述べている。「『ユリシーズ』には——作品の芳香を心ゆくまで味わいたいのなら——トイレでしか読めない箇所がいくつもある」

湿気は書物の大敵だ。湿気のせいでペーパーバックの背を固めている糊が溶けることもあるし、場合によってはページがカビだらけになることもある。それゆえ、たとえ換気扇を回していても、バスルームではドアかガラスで本を湿気から隔離しよう。とはいうものの、湯船から立ち昇る湯気で鼻腔がすっきりするため、浴室では頭が冴えて水平思考が働きやすくなるのも事実である。ナポレオンは毎朝2時間風呂に入り、側近が新聞や通信文を読み上げるのを聞きながら、その日1日に備えたそうだ。毎日の儀式のように湯船にじっくり浸かることで、心身の緊張がほぐれ、日々のストレスから一時的に解放される。1860年代の婦人雑誌を収集していたジョージ・オーウェルは——彼を物好きと思う人はほとんどいなかった——バスタブに浸かりながら、自分の風変わりなコレクションのページをめくったという。過度の湿気が気になる場合は、入浴中の読書用にデザインされた金属製書見台を購入するという手もある。

一番左：壁にきっちり組み込まれた書棚はドアで密閉可能。入浴やシャワーのあいだも本を湿気から保護できる。

左：トイレットペーパーの上の小さな四角いニッチ。その細いガラス棚は、俳句の薄い冊子やオスカー・ワイルド風警句集、『ドゥーンズベリー』の漫画を並べるのに打ってつけ。心豊かに過ごせるひとときを逃す手はない。

細長いバスルームのアルコーブに設けた書棚。ずんぐりした棚板は、高さの異なる飛込台を思わせる——すぐ下の獅子足のついた広いバスタブをプールに見立てれば、それほど的外れな比喩でもないだろう。バスルームは湯気が立つので大切な本の収納には向かないが、ここは天井が高くて換気も十分。節だらけのオリーブの棚にラジオを載せれば、バスタイム用「お楽しみセット」のできあがり。

階段と廊下

「男は通路をじりじりと1インチずつ進んだが、その姿はむしろ1ヤードずつ後退しているかのようだった」(ダグラス・アダムズ)。住まいの中間ゾーンである廊下や階段や踊り場は、普段は見過ごされがちだが、用途・雰囲気・装飾の異なる部屋から部屋へのスムーズな移動や、住まいの空気循環において重要な役割を果たす。照明や棚を巧みにデザインして、読書用の小空間《ヌック》を設けることで、デッドスペースが長居をしたくなる心地よい空間へと生まれ変わる。

低いクローゼットと本の収納スペースを設けた最上階付近の踊り場。書棚スペースは、奥にも本を詰め込めるほどの奥行きがある。棚も壁も背表紙も白で統一。スカイライトから射し込む光が白い表面に反射して、薄暗い踊り場の隅を明るく照らす。

挿入写真：1列に並んだ白いオブジェ越しに、階段の向こうの書棚を眺めたところ。両端の軽量コンクリートブロックのほかにも、横積みした本で棚板をサポート。棚板が薄いので、書物の支柱がなければ本の重みに耐えきれなかっただろう。

Middlesex
JEFFREY EUGENIDES
JOHN FOWLES

1967年の『ザ・ニューヨーカー』誌に掲載されたサム・グロスの漫画には、1人のギャングと毛皮のコートを着たその妻が、空き家のなかを案内されるシーンが登場する。室内は壁という壁が空っぽの本棚で埋め尽くされていた。ギャングの妻は不動産屋に言った。「なんなのこれ!　まったくとんでもない連中が住んでいたのねえ」。蔵書が知らず知らずのうちに増殖しだすと、選択肢はだいたい3つに限られてくる。

a)「1冊増えたら1冊減らす《ワン・イン・ワン・アウト》」方式を実践する。b)もっと大きな家を購入する。c)蔵書の効率のいい収納法を考案する。最初のオプションは心理的に、2番目のオプションは経済的に、かなりの痛手となる。もちろん一部の蔵書狂の場合、本を手に入れたいという欲望はつねに収納力をうわまわる。ヘンリー・ペトロスキーは、ニューヨークのあるコレクターの未亡人の言葉を紹介している。その18部屋あるアパートメントは「本であふれかえり、彼女の継子たちはカニのように横ばいになって廊下を通らないと、自室(そこの壁も本で埋め尽くされていた)までたどり着けなかった」。蔵書癖がそこまで進行していない人のために、本章では住まいのおもな居住エリアをつなぐセクション——玄関、廊

前ページ：梯子階段に書棚を取りつけた、素朴ながらも機能的な構造。短い階段を補うために2個のレンガをモルタルで接合しているが、それがかえってサセックスのコテージの荒削りな魅力を高めている。

右：埋め込み式の棚が階段の——L字型のところではなく——幅木のところで止まっている場合、書棚の下部が45度斜めにカットされる。アイルランドのコーク州の彫刻家はこの問題をいかにして解決したのか?　答えは、何も手を打たないことだった。

下、階段、踊り場――を開拓していこうと思う。どのセクションも、書棚に活用できるスペースの宝庫である。

階段

階段の下は、ピラミッドのような段状の棚ユニットを組み込むのに格好のスペースだ――空間全体を棚で埋め尽くしてもいいし、一部をコンパクトなホームオフィスにすることもできる。踊り場まで一続きにのびる階段が最もシンプルな構造なのはいうまでもないが、たとえば90度に折れて地下エリアに続く階段でも、大工仕事の腕を巧みに生かすことで、驚くほど多くの本を収納できる。本章では既存設備のリフォーム法を紹介するが、階段を新設する場合には、さらに画期的で創意に富んだデザインが数多く用意されている。目を見張る階段のなかには、手すりの桟が1つおきに下に伸びて、階段下の本箱の垂直材になっているものもある。階段が空間を二分している場合は、オープンボックスを積み上げて流れ落ちる滝のような形にデザインする方法もある。これなら収納スペースがたっぷり確保できるし、何も置かない空洞スペースを設けることで採光も可能となる。

階段はL字型のフォルムで構成される。そのため本があふれて深刻な事態に陥っている人であれば、階段の上り下り用に中央だけ空けて、両側に本を積み上げたい衝動に駆られるもしれない。ただしそうする場合は、たとえば1段に10冊ずつ並べても通行の邪魔にならない程度の階段幅が必要となる。安全管理官が見たら目をまわすほどリスキーな配置にちがいないが、段板に金属製の細いブックエンドを取りつけて本が倒れないようにすることで、危険を最小限に抑えられる。こうした場所はハイキングや登山の本を収納するのに打ってつけ、などといったら冗談が過ぎるだろうか？　よりすっきり収納したい場合は――階段の奥行きにも（そしてあなたの懐《ふところ》具合にも）よるが――ワンプッシュで開閉できる引き出しを各段に設ける方法もある。屋根裏スペースに続く階段のようなとりわけ急な階段では、蹴上げの空洞部分に本を収納することもできる。この場合、踏み板は片持ち棚になると同時に、閲覧用の踏み台としても機能する。

安全管理官が見たら
目をまわすような配置

左上：この狭いフラットを見ると、「不可能に挑む」という言葉を思い出す。写真のようなオープンステップの階段を利用する場合は、400冊以上の本の重みに耐えられるかを事前にチェックしておこう。

右上と次ページ：レヴィテート・アーキテクツの独創的な「ライブラリー・ステアケース（図書階段）」。新設したロフトのベッドルームに続くこの階段は、イングリッシュオークの踏み板のあいだに2000冊まで収納可能。

Life Against Death
Norman O. Brown
THE SHAPE OF MINDS TO COME
A. J. CRONIN ADVENTURES IN TWO
HADRIAN
Charles William
THE EYE OF THE STORM

リフォームした地下室。位置が変更された階段が、炉胸に設けられたアルコーブの1つにまっすぐに伸びている。階段下の三角形の空間が、居心地の良い読書エリアに（マットレスの下にも収納可能）。階段の手すりがワイヤー式なので、上階から光が注ぎ込む。

金網からミステリアスな雰囲気が漂う純白の廊下。金網の扉ではなくガラス戸だったら、空間全体がクリニックのような印象になっていただろう。扉がついていなければ、抑制の効いたミニマルな雰囲気が色とりどりの背表紙で台無しになっていたはずだ。ここでは財宝が隠されているような謎めいたデザインにすることで、絶妙なバランスをとっている。

ANNUAL 1977
ANNUAL 1978
ANNUAL 1973
LUCHA LOCO
MALLORCA EROTICA
PLANT PROFILES
FLOWERS
Gardener
DELIA SMITH'S WINTER COLLECTION
DELIA SMITH'S SUMMER COLLECTION
Delia's FRUGAL FOOD
Giorgio Locatelli
Made In Italy
Brilliant

前ページ：読み込まれた愛蔵書が、カーテンで仕切られたダイニングルームの戸口をあたたかく縁取る。にぎやかな家庭であれば、人がよく通るこの場所は読書用のヌックには不向きだが、実をいうと、ここは独身デザイナーの小さな住まい。

右：ドラマティックでありながら、静かで落ち着きのある読書スペース。古代ローマのヴィラの寝床を彷彿させるのは、ソファーベッドの付属棚にクラシカルな石膏頭像が載っているせいだろうか。積み上げた本のタワーが侵入者を阻むようにそびえているが、引き伸ばされた写真の奥行き感が洞窟のような印象を和らげている。

ヌック

誰かと一緒に住んでいると、共用のリビングエリアで本を読んでも落ち着かない。かといって、ベッドに寝そべって眠気に襲われるのも困りもの——。そういう時は人の集まる騒々しい場所から離れて、踊り場や廊下のアルコーブに読書用ヌックを設けるほうがはるかにいい。夏なら木陰のハンモックで読書をするのがおすすめだ。屋内の場合、光源は2つ以上（自然光と人工照明）は確保しよう。人工照明は、できればワット数が数段階切り替え可能なタイプが望ましい。また、オットマン付きチェアなどの座り心地のいい椅子も欠かせない。最近ではノーバディ社の「ビブリオシェーズ」（39ページ参照）や、プッチ・デ・ロッシがデザインした中空のロッキングチェア「ドンドーラ」をはじめ、椅子と書棚が一体になったユニークなデザイナーズチェアが豊富にある。また、専用の読書スペースを子どもに割り当てれば、子どもは一人前に扱われた気分になり、読書熱に火がつくかもしれない。仕上げに、あなた独自の趣味の本——古い子ども年鑑やミシュラン・ガイド、車や古生物学や鳥類や……言葉に関する本など——をヌックに集めて、空間に個性豊かなぬくもりを添えておこう。

GOYA
LEONARDO
WILIGELMO
Futurism
LA NUOVA ENCICLOPEDIA MEDICA GARZANTI
ENCICLOPEDIA GARZANTI DELL'ARTE
CONSILIENCE
THE ORCHID THIEF
SUSAN ORLEAN

前ページ：図書室とその向こうのリビングをつなぐライムドオークの書棚。荘重でありながら肩の凝らない雰囲気が、イタリアの田舎町のこの広い邸宅によく似合う。18世紀のマントルピースの四角いポータルを支えるのは、抽象化された柱礎と柱身と柱頭のついた古典様式のコラム。巧みに配された4本のベーシックなランプを見れば、ここが本格的な読書スペースであることがわかる。

右：愛書家のアパートメントの廊下。装飾燭台の光だまりと窓から射し込む光のおかげで、書棚が床から天井までを埋め尽くしていても(リビングエリアも同様の状態)それほど威圧的な印象にならない。

廊下

最近では、廊下は無駄なスペースとして扱われがちだが、廊下を取り払ってオープンプランの空間にすると、リビングエリアがかえって狭くなったように感じることがある。というのも、廊下は建築的に「ひと息つく」場所であり、われわれは廊下にいったん出ることで、その向こうの空間をイメージできるからである。そこは気分転換を促す——たとえば広々とした空間から、こぢんまりとした居心地のいい空間に移る際に、心のスイッチをスムーズに切り替えるための——移行ゾーンなのだ。それに、廊下にはどことなく秘密めいた雰囲気がある。一読に値するミステリーにはたいてい「偽の本」が登場して、仕掛けをいじると隠しドアが開いて秘密の通路が見つかる展開になっている。さらに廊下は(過ごすための場所ではなく)通過するだけのエリアなので、思い切った装飾を施すこともできる。ただし、廊下に要らないものを放り込みたくなることがあっても、ゴミ捨て場扱いだけはやめておこう。

手の届かないところにある本は、手もとの本より魅力的に見えるもの。羽目板張りの天井を横切る独創的な書棚は、実をいうと見苦しい鉄の梁を隠すためにデザインされた。半開きのドアの上の奥まったエリアにアンティークのこね鉢を飾ってアクセントに。

次ページ：床板と棚板の長い平行ラインをたどれば、視線はおのずと鏡のドアへ。ベッドルームを巧みに隠した鏡によって実用的な通路が、『不思議の国のアリス』のどこかシュールなシーンへと変貌する。

狭角のダウンライトで
廊下沿いに
光だまりをつくる

廊下は恰好の収納スペースになるが、一枚板のように壁一面を書棚で覆うデザインはできれば避けたい。棚が壁を占める割合は、高さの3分の1以下にとどめよう。廊下では書棚が通行の妨げになってはいけないし、棚で狭くなった廊下がだらだらと続くのは視覚的にもつまらない。本箱と本箱のあいだに絵画を飾ったり、花瓶を載せた細長いテーブルを廊下に置いたり、鏡を掛けたりして、空間にアクセントをつければ単調さを断ち切ることができる。室内装飾家のジェーン・チャーチルは、踊り場や廊下などの狭いスペースに特大の鏡を置いて、空間を劇的に広く見せる方法を勧めている。印象の薄い全般照明ではなく、狭角のダウンライトを1列に取りつけて、廊下沿いに光だまりをつくると、さらにコントラストの効いた空間になる。オープン棚と扉付きの棚を配置したキャビネットに、本だけでなく他のオブジェを並べても、単調さと圧迫感が軽減される。また、棚の奥に取りつけたライトで本やオブジェを背後から照らして抽象的なシルエットをつくる方法や、色ガラスのパネルの後ろに照明を置いてフォーカルポイントをつくる方法など、棚を発光させるテクニックもある。

では、こうしたスペースにはどのような本を、どのように並べればいいのだろう？　廊下は人が移動するスペースなので、「旅」に関する本をここに集めるとしっくりくるかもし

れない。自己啓発本や哲学関係の本――書店で「心と体と魂」というテーマでくくられる本――も、あくまでメタファーとしてではあるが「旅」を暗示する。本をサイズ別に収納するには、なるべくすっきり見せたい廊下こそ打ってつけだ。吹き抜け階段の高い位置や、廊下のコーニスの上や腰板の下には、使用頻度の低い本を収納しよう。

玄関

玄関は住まいの第一印象を決める重要な空間だ。コートや靴で既にあふれている玄関に本箱を追加すれば――たとえ壁の高い位置に取りつけたとしても――窮屈な空間がさらに狭苦しくなるだけである。玄関では、訪れた人を暖かく迎え入れ、来客に期待感を抱かせる雰囲気づくりが望ましい。玄関ドアを挟んで左右対称に居住空間が配された住まいは、横幅が広いので選択肢がさらに広がる。たとえばオーソドックスなコンソールテーブルを置く代わりに、玄関ホールの張り出し棚の下に本箱を「格納」するように置いて、オブジェを飾る方法もある。エントランスエリアで2つのドアが向かい合わせになっている場合は、ドアの縦枠を囲むようにして書棚を壁に組み込めば、人目を引くドラマティックな空間ができあがる。

上：ロンドン在住の俳優の邸宅。倉庫を改修した住まいは広々としているが、窓が壁面の大半を占めているため、廊下が本の最適な収納場所に。書棚を廊下に配したおかげで、むき出しのレンガとモノクロームの家具が構成するミニマルな美が損なわれずにすんだ。

次ページ：ジョージアン・タウンハウスの裏玄関。フレンチライムストーンを敷き詰めた広い玄関が、ちょっとした図書スペースに。庭に続くペイントしたアーチが建築スキームの要となって全体をまとめ上げ、両翼のついたドームのような風格を醸している。

COOLING · DANN
READ ME A STORY, PLEASE
Farmyard Tales Storybook
USBORNE
Dr. Seuss
THE COMPLETE CAT IN THE HAT
Blue Horse and Tilly
Helen Stephens
DOUBLEDAY
The Smartest GIANT in Town
Donaldson
Scheffler
M. SASEK
This is San Francisco
UNIVERSE
THE WALKER BEDTIME BOOK
WALKER BOOKS
The Puffin Baby and Toddler Treasury
TED SMART
STORIES AND FUN FOR THE VERY YOUNG
WALKER BOOKS
THE WALKER BOOK OF FIRST RHYMES
WALKER BOOKS
Room on the Broom
FIRE ENGINE
A Squash and a Squeeze
The Snail and the Whale
Julia Donaldson
Axel Scheffler
Dial
The Gruffalo's Child
Julia Donaldson
Axel Scheffler
WE'RE GOING ON A LION HUNT
David Axtell
Ian Falconer
OLIVIA
Clement C. Moore
THE NIGHT BEFORE CHRISTMAS
EMERGENCY!
MAYO · AYLIFFE
DIG DIG DIGGING
MAYO · AYLIFFE
The Bedtime Bear
Ian Whybrow and Axel Scheffler
Walter the Farting Dog
HOW MANY MILES TO BETHLEHEM?
JOHN BURNINGHAM
Mr Gumpy's Outing
CREBBIN McEWEN
COWS IN THE KITCHEN
WALKER BOOKS
MEG and MOG
Nicoll Pienkowski
TED SMART
THE USBORNE BOOK OF FAIRY TALES
USBORNE
THE COMPLETE FARMYARD TALES
USBORNE
FARMER DUCK
WHATEVER NEXT!

子ども部屋

「生徒たちにABCを教えた人間の功績は、戦勝した将軍の勲功よりも偉大である」(ゴットフリート・ライプニッツ)。本を愛する心がわが子に受け継がれるかどうかは、親の手にかかっている。そこで本を主役にした――子どもが本に愛着をもつような――子ども部屋のデザインのコツをこれから紹介しよう。デジタル社会のティーンエイジャーが相手では難しい面も多々あるが、良い読書習慣は早い時期に形成されるのだから……。

子ども部屋では、ラベンダー、ローズレッド、スカイブルーの背表紙――出版社の販売ツールとなるヴィヴィッドな細長い断片――を組み合わせるなど、ポップな装飾にすればたいていはうまくいく。本を高さ順に並べて「ノアの箱舟」のブックエンドで絵本や図鑑をまっすぐにキープすれば、すっきり片付いた印象に。

Popposites
The Wide-Mouthed Frog

わが子にも本への愛情を伝えたいと願う愛書家は少なくない。アイルランドの小説家ジョン・マクガハンは小さい時分に、ある物語をあまりにも夢中になって読んでいたので、姉妹が彼の頭に麦藁帽子を載せたり、靴紐をほどいたりして悪戯しても気づかず、座っていた椅子を取り上げられてはじめて「本から目覚めた」ことを回顧している。このような書物への情熱を育むには、本がつねに身近にある環境づくりが欠かせない。米国の教育改革者ホーレス・マンは、「本のない家は、窓のない部屋のようなものである。本を買う余裕があるのに、本がまわりにない環境で子どもたちを育てる権利は誰にもない」と述べている。親は子どもに多大な影響を与える存在なので、親が本を読む姿を子どもに見せることが重要だ。早くから子どもに読み聞かせをすれば、物語を通して子どもとの心の結びつきを強めることができる。また、子どもが自分で本を読みはじめたころは、読み間違いをしてもそれは失敗ではなく、人は間違えながら学んでいくものだと辛抱強く教えてあげることが大切だ。また、物語の主題や登場人物やプロットと、子どもの日常の出来事とを関連づけることも欠かせない。そして最終的には子ども自身がさまざまな発見をするように仕向けていかなければならない。発見のプロセスは、ヘルマン・ヘッセの言葉を借りれば、「チューリップの花壇

「本のない家は、
窓のない
部屋のようなもの」

前ページ：2歳未満の子どもは本を噛んだり、破いたり、汚したりすることがあるので、子どもが小さいうちは高い位置に書棚を取りつけるのが正解。ただし事故を防ぐためにも、本はきちんと積み上げて。

下：この「1本の木が1冊の本になり1本の木になる」書棚は、木の枝に手紙を挟んだ幼い日の思い出からヒントを得てショーン・ソーがデザインしたもの。本を出し入れするたびに形が変わる——木の葉が生い茂ったり、落ちたりする——のが特徴。

左：白い棚板の背景にインパクトのある色を配した書棚は、まちがいなく子どもたちの注目の的。古物商のジョセフィン・ライアンは上段にもアクセスできるよう梯子を用意したが、手の届きやすい棚には優先度の高い書物を配置。

上：古いサイドテーブルを寄せ集めたような小さな本棚。キャスター付きなので移動がラクだが、それが良いことかどうかは使用する子ども次第。

次ページ：思わず座りたくなるクッションチェア——進化したデザイナーズ・ビーンバッグチェア——で、書棚の前がぬくもりのある読書エリアに。明かりが欲しい時は窓辺まで転がせばOK。

と魚が泳ぐ池のある愛らしい庭」として始まり、「やがてその庭は公園となり、景観となり、大地の一部となり、世界となり、楽園と象牙海岸となって、つねに新たな魅力で人々を誘い、つねに異なる色の花々を咲かせていく」ものである。子どもの読書の上達が遅くても悲観することはない。アインシュタインも9歳まで読み書きができなかったのだから。

子どもの本の収納

子どもの関心が本に向くようにするにはどうすればいいのか。当然ながら、子ども部屋の目立たない場所に本を押し込んでいては何もならない。本は簡単に手が届いて、目立つ場所に並べよう。一般に5歳未満を対象にした絵本の背表紙

is
Paris
is
London
MON DICTIONNAIRE
français/anglais
anglais/français
NUTCRACKER
MADELINE IN AMERICA
MADELINE IN LONDON
LEONARDO DA VINCI
OLIVIA
ENCYCLOPEDIA
DICTIONARY
Snow White
and the Seven Dwarfs
The Wonderful Wizard of Oz
Alice's Adventures in Wonderland
NURSERY RHYMES

本箱の内側をペイントして、外側の色とコントラストを効かせる

は、大人なら目を細めて見なければならないくらいに細長い。そこでオーソドックスな本箱のほかにも、縁のついた傾斜棚を壁の低位置に1-3段取りつければ、お気に入りの本の表紙をディスプレイできるし、これなら展示替えも可能になる。また、子どもは決まった本ばかりを読みたがる傾向があるので——わたしの幼少期のお気に入りはマーティン・ワッデルの『よるのおるすばん』。この本なら眠りながらでも暗唱できた——読み聞かせをする側の当然の権利として、親がディスプレイ棚の展示替えを定期的におこない、ぼろぼろになるまで読み込んだ本は、目立たない場所にそっとしまっておくのもいいかもしれない。

本箱を目立たせる方法はいくつもある。ヴィクトリアンハウス——集中暖房が普及する前に建てられた住宅——には一般に暖炉がついており、煙突が上階に続いている。暖炉が子ども部屋にある場合は、健康と安全の点から、暖炉は使われずにデッドスペースになっているケースが多い。この小さなス

左上：大きな絵本を卒業したら、小学校低学年向きの「チャプターブック」。比較的小さいのでオフィス用の引き出しにも収納可能。

右上：カトリン・アレンスのデザインによるイタリアのベッドルーム。淡泊な色だが、大・中・小の椅子を並べた「大きさのトリック」が、子どもたちの豊かなイマジネーションをかき立てる。

次ページ：本とおもちゃを組み合わせれば、読書も遊びの仲間入り。

Wake Up Sleeping Beauty
what's that?
WALKER BOOKS
Keep fit with Froggy
Ruth Tilden
Ketchup On Your Cornflakes
Marc Brown
ARTHUR GOES TO SCHOOL
Bear Buys a Car
Big Yellow Taxi
Maisy's ABC
PULL AND LEARN ABC

ペースに棚をつくれば、20タイトル以上の『クマのプーさん』シリーズや50タイトルもの『ミスターメン』シリーズ（いずれもエグモント）などの小判の本が収納できる。

子どもはたいていヴィヴィッドな色を好むので、本箱の内側をペイントして、外側の色とコントラストを効かせれば、子どもが喜ぶ本箱ができあがる。日曜大工の道具と腕を持っている人ならば、普通の本箱に簡単な三角屋根を取りつけて、家の形をした本箱にしてもいいし、縦長の本箱の上に円錐形の飾りをつけてロケットの形につくってみても面白い。本が並んだ棚に、キャラクターのフィギュアやぬいぐるみ、人形などのおもちゃを飾れば、子どもたちも読書——正確には「読書のまねごと」——を遊びに取り入れやすくなるだろう。

兄弟で部屋を共用している場合は、2段ベッドにすれば床のスペースをあまりとらずに済む。この時、棚を内蔵したタイプを選べば、枕元の脇に本を並べられるので、寝る前と目覚めた時に読書の習慣がつくかもしれない。しかもベッドを縦に配置するので、読書灯をつけても寝ている兄弟の邪魔にならない。

左：去年の教科書など、それほど参照しない本はすぐ手の届く場所に置かなくても大丈夫。それに、この部屋の可愛い住人が背伸びをして本を取るたびに、大西洋の地理を学ぶはず。

下：木とガラスのリサイクルキャビネットをモダンな作りつけの戸棚にぴったり嵌め込んだ北ロンドンの住宅。戸棚の上にも奥行きのある収納棚がついている。

次ページ：風雨にさらされてボロボロになったように見えるが、小さな子どもが何を投げつけても平気なほど頑丈なキャビネット。明るく楽しいカラフルなチェックの掲示板とディスプレイのおかげで、おもちゃと本の収納ユニットの塗装が剥げていても気にならない。

April
Flinn
PHILIPS
Maisy
Kipper
FLINN
MAMMALS!
Looking at History

いまどきの
ティーンエイジャーの
心をつかむには、
本はほかの多くの
メディアと
張り合わなければならない

オープン棚、ボックス型収納部、戸棚と、さまざまな区画に分かれた収納ユニット。これなら整理整頓がしやすいので、部屋がいつも片付いた状態に。棚のヴィヴィッドカラーにたじろいで、大人たちはすぐに退散してくれるはず。成功!

次ページ：この「ペンギン・ドンキー2」は、1939年にエゴン・リスが〈アイソコン・プラス〉のためにデザインした初代「ペンギン・ドンキー」を、アーネスト・レイスが1963年にデザインし直したもの。オリジナルの「ペンギン・ドンキー」は、当時アレン・レーンが創刊したペーパーバックの収納用につくられた。レイスのデザインが画期的なのは、トップを平らにしてサイドテーブルにも使えるようにした点だ。白く塗装した木製本箱にサクラ材の足がついているのがこのヴァージョンの特徴。

ティーンエイジャーの空間

「書物がわれわれの人生に深い影響を及ぼすとすれば、それはおそらく子ども時代だけであろう」。これはグレアム・グリーンの言葉だが、彼自身もヘンリー・ライダー・ハガードの『ソロモン王の洞窟』を読んだのち、19歳の時にナイジェリアの海軍に入隊しかけた経験がある。十代の多感な時期に読む本は、将来の職業だけでなく、性格形成にも大きく作用する可能性を秘めている。イタロ・カルヴィーノは「書物は未来の体験の原型を与え、雛型《モデル》、比較の条件、分類法、価値基準、美の見本を提供する」と述べているが、その効力は若い時分に読んだ本の内容を忘れたのちも持続する。ただし、いまどきのティーンエイジャー――たとえ読書好きの学生であっても――に関していえば、本にはコンピュータゲームや携帯電話など多くのテクノロジーという強力なライバルがいる。大人のなかにはテクノロジーをむやみに毛嫌いして、デジタル化が進めば若者は必ず堕落すると安易に批判する人もいるが、わたしはそうは思わない。賢い使い方も愚かな使い方もできるのが最新のメディアである。15世紀の活版印刷術の発明をはじめ、新たなテクノロジーはいつの世も道徳的パニックによって迎えられたことを歴史は示している。とはいえ、留意すべきことがひとつある。新しいメディアは人の感覚を刺激して、即座に欲求を満たす。それは一般的な読書では得られない感覚だ。パラノーマル・ロマンスやSFやファンタジーがティーンエイジャーのあいだで人気があるのは、ゲームの影響やオンライン上で架空のアイデンティティを創作できることにも関係がある。とにかくティーンエイジャーには読みたい本を読むようにすすめるのがいちばんであり、そのうえで大人の読む本格的な書籍がいつでも読める環境を整えていくことが大切だ。いずれにしろ多

中央のペンダントライトと、大工道具のかんなのような壁掛け燭台から推察すると、どうやらこの部屋のティーンの保護者は、エキセントリックな照明器具がお好みらしい。暖炉にダウンライトを取りつけて本の収納スペースに。

次ページ左：巧みな配線が施された収納部。これは、この部屋のティーンエイジャーが友達から「いいね!」をもらうためにカスタムデザインしたもの。炉胸のアルコーブにサイドテーブルが組み込まれている。足のないベッドに寝転がれば、本を照らすダウンライトの明かりで読書も可能。

次ページ右：親の外出中に子どもがステレオのヴォリュームを上げてしまう家庭では、本の防音効果はぜひとも活用したいポイントだ。スピーカーを巧みに配置すれば、近所の人もひと安心。

くの子どもは、さまざまな読書体験を積み重ねながら、しだいに豊かな文学の世界へと分け入っていくのだから。

ティーンエイジャーは勉強もしなければならないので、デスクエリアの上に棚を設けて、教科書と参考書を並べるといいだろう。図解付きの百科事典や1巻ものの辞書のほかにも、世界地図や動物図鑑、美術史の本などを収納した「カプセル・ライブラリー」を子どもと一緒につくってみよう。梯子のついたロフトベッドなら子どものプライバシーが守られるし、ベッド下のスペースに棚を設けることができる。それとは逆に、ベッドの上に収納エリアがついたユニットも販売されている。一般にティーンエイジャーは自分好みにつくりかえるのが好きなので、アレンジ可能な家具や間に合わせのものを工夫して使うのがいいだろう。ビーンバッグチェアが1つあるだけでも居心地のいい読書エリアになるし、これなら簡単に動かせるので、昼間は窓辺に置いて、暗くなればランプのそばに移動させることも可能となる。さらに木箱を本箱代わりに使う方法もある――木箱なら安価なので、奇抜なアレンジを加えても問題ないだろう。昔から学生たちが板とレンガでつくってきた即席の棚は、驚くほど機能的で見た目も悪くない――持ち運びも可能で、棚の高さも容易に調節できる。そのうえ日曜大工のスキルがなくても簡単につくれるので、子どもが自分のスペースを自分好みにデザインできる。折りたたみ式の本箱なら、たたむと薄くコンパクトになるので、大学やカレッジに進学して毎年のように下宿先が変わる可能性のある学生にはぴったりだ。

2人のティーンエイジャーが共有するオープンプランの書斎スペース。1人が眠るベッドルームとは、ポケットドア(引込み戸)で間仕切り可能。アルテミデの読書灯とそれにマッチするラップトップやデザイナーズチェアを見ると大人のオフィスのようだが、ラバランプやテニスのトロフィー、立てかけたベースギターから青春の香りが漂う。

新たなテクノロジー
──活版印刷の発明など──を迎えるのは、
いつの時代も道徳的パニックだ

参考文献

Julian Barnes
The Pedant in the Kitchen
(Atlantic, 2004)

Nicholas A. Basbanes
A Gentle Madness: Bibliophiles, Bibliomanes and the Eternal Passion for Books
(St Martin's Press, 1999)

Estelle Ellis and Caroline Seebohm
At Home with Books: How Booklovers Live with and Care for Their Libraries
(Thames & Hudson, 2006)

Anne Fadiman
Ex Libris: Confessions of a Common Reader
(Farrar, Straus & Giroux, 2000)

Leslie Geddes-Brown
Books Do Furnish a Room
(Merrell, 2009)

Steven Gilbar (ed.)
Reading in Bed: Personal Essays on the Glories of Reading
(David R. Godine, 1998)

Holbrook Jackson
Bookman's Pleasure: A Recreation for Book Lovers
(Farrar, Straus & Co, 1947)

Rob Kaplan and Harold Rabinowitz (eds)
A Passion for Books: A Book Lover's Treasury
(Times Books, 2001)

Rob Kaplan and Harold Rabinowitz (eds)
Speaking of Books: The Best Things Ever Said about Books and Book Collecting
(Crown, 2001)

Alberto Manguel
A History of Reading
(Flamingo, 1997)

Henry Petroski
The Book on the Bookshelf
(Vintage, 2000)

Alan Powers
Living with Books
(Mitchell Beazley, 2006)

Francis Spufford
The Child that Books Built
(Faber & Faber, 2002)

Linda Wolfe
The Literary Gourmet: Menus from Masterpieces
(Random House, 1962)

書籍関連ガイド & 業者リスト

ウェブサイト

www.abebooks.com
新刊書、中古本、希覯本、絶版書などを取り扱う数多くの書籍販売業者と読者とを結ぶオンライン書籍販売サイト。

www.biguniverse.com
年少の読者を対象にした米国拠点のネットコミュニティ。オンライン上で読書が楽しめるほか、ユーザーが自分で作品や感想を書いて発表できる。ユーザーやメディアからも絶賛され、数々の賞を受賞している。

www.bookcoverarchive.com
「鑑賞と分類のために」本の表紙を集めたサイト。

www.bookmooch.com
要らなくなった本を無償で提供してポイントを獲得し、自分が欲しい本を受け取ることのできる無料のオンラインサービス。

bookshelfporn.com
ハードコアな愛書家の目の保養のための書棚の写真サイト。

www.guardian.co.uk/childrens-books-site
子どもたちが本のレビューを書いたり、感想を話し合ったりできる素晴らしいサイト。

www.gutenberg.org
プロジェクト・グーテンベルクは、著作権の切れた名作などを電子化し、インターネット上に無料で公開するという最も歴史ある電子図書館。3万点以上の作品が収蔵されている。

theblogonthebookshelf.blogspot.com
美しくも奇抜な書棚を集めたサイト——テームズ・アンド・ハドソン社より書籍化予定。

www.wordpool.co.uk
保護者や教員、ライターが利用するための児童書検索サイト。

本箱 & 本棚・業者リスト

〈英　国〉

ロンボク
ハンドメイドの本棚。ダークウッドのものが多い。
+44 (0)870 240 7380
www.lombok.co.uk

シェルフストア
マツ材のフレキシブルな組み立て式書棚。高さ・奥行き・幅が選択できる。
+44 (0)1628 782642
www.shelvingsystem.co.uk

スカンディアム
北欧のデザイナーたちが手がけたヴァラエティ豊かなモダンシェルビング。
+44 (0)20 7584 2066
www.skandium.com

アントゥ・ジス・ラスト
革新的なデジタルツールでつくったユニークなバーチ合板棚。
230 Brick Lane, London E2 7EB
+44 (0)20 7613 0882
www.untothislast.co.uk

〈米　国〉

ブック・ハット
ヘイル・マニュファクチュアリング(ハードウッド本棚の米国大手サプライヤ)の代理店。
+1 702 285 4437
www.thebookcasepeople.com

モス
ニューヨーク発、ヨーロピアンテイストの高級モダンデザイン。
150 Greene Street,
New York, NY 10012
+1 212 204 7100
www.mossonline.com

最高の書店

〈英　国〉

バーター・ブックス
閉鎖された古いヴィクトリア様式の駅舎にある古書店。「ニュー・ステーツマン」誌が「古書の大英図書館」と評している。
Alnwick Station, Alnwick
Northumberland NE66 2NP
+44 (0)1665 604888
www.barterbooks.co.uk

バーナード・J・シャペロ・レア・ブックス
ロンドンの一流古書店。
32 Saint George Street
London W1S 2EA
+44 (0)20 7493 0876
www.shapero.com

ドーント・ブックス
優雅な天窓と長いオークギャラリーのある書店。エドワード朝時代に建てられた。
83 Marylebone High Street
London W1U 4QW
+44 (0)20 7224 2295
www.dauntbooks.co.uk

ハッチャーズ
1797年創業の老舗中の老舗、3つのロイヤル・ワラント（王室御用達認可証）をもつ書店。
187 Piccadilly, London W1J 9LE
+44 (0)20 7439 9921
www.hatchards.co.uk

〈米　国〉

シティ・ライツ
オルタナティブカルチャーのメッカにして西海岸出版界のホットスポットでもある、1950年代創業の書店。
261 Columbus Avenue,
San Francisco, CA 94133
+1 415 362 8193
www.citylights.com

プリンテッド・マター
あらゆるジャンルのアート系出版物を扱う。
195 Tenth Avenue
New York, NY 10011
+1 212 925 0325
www.printedmatter.org

セント・マークス・ブックショップ
古典から最新刊まで幅広く網羅した比類なき書店。
31 Third Avenue
New York, NY 10003
+1 212 260 7853
www.stmarksbookshop.com

各種団体と文学フェスティバル

〈英　国〉

ブックトラスト
英国のあらゆる年代・文化の人々に本を楽しんでもらうために活動する独立慈善団体。
+44 (0)20 8516 2977
www.booktrust.org.uk

ザ・ポエトリー・ソサエティ
詩の研究・朗読などの活動を通じて、詩の楽しさを人々に伝えることを目的とする団体。
+44 (0)20 7420 9880
www.poetrysociety.org.uk

ザ・テレグラフ・ヘイ・フェスティバル
――（ビル・クリントン曰く）世界最大級の「知性のウッドストック」。
+44 (0)1497 822629
www.hayfestival.com

タイムズ・チェルトナム・リテラチャー・フェスティバル
世界で最も古く、最も愛される文学フェスティバルの1つ。
+44 (0)1242 505444
www.cheltenhamfestivals.com

〈米　国〉

ザ・センター・フォー・ブックアーツ
アートオブジェとしての書物の美の可能性を追求する組織。
28 West 27th Street
New York, NY 10001
+1 212 481 0295
www.centerforbookarts.org

ザ・フェローシップ・オブ・アメリカン・ビブリオフィリック・ソサエティーズ
愛書家組織連盟。
fabsbooks.org

ナショナル・ブック・フェスティバル
初秋にワシントンD.C.で開催される祭典。毎年数万人が集まる。米国議会図書館が主催。
+1 202 707 5000
www.loc.gov/bookfest

タラス
手製本の専門家やアマチュアのためのサービスと製本材料・道具の販売。
330 Morgan Avenue, Brooklyn,
New York, NY 11211
+1 212 219 0770
www.talasonline.com

ワードストック
オレゴン州ポートランドで毎年2日間にわたり開かれる、米国最大級の文学フェスティバル。
+1 503 549 7887
www.wordstockfestival.com

インターナショナル

ファイン・プレス・ブック・アソシエーション
高品位印刷技術関係者の欧米の協会。
www.fpba.com

ペン・ワールド・ヴォイシス：ニューヨーク国際文学フェスティバル
2011年には40カ国から100人以上の作家が参加。
www.pen.org

世界の美しき図書館

ザンクト・ガレン修道院付属図書館
スイス、ザンクト・ガレン
www.stiftsbibliothek.ch

ボドリアン図書館
英国、オックスフォード
www.bodleian.ox.ac.uk

ボストン図書館
米国、マサチューセッツ州ボストン
www.bostonathenaeum.org

ジョージ・ピーボディ図書館
米国、メリーランド州ボルティモア
www.library.jhu.edu

米国議会図書館
米国、ワシントンD.C.
www.loc.gov

オーストリア国立図書館
オーストリア、ウィーン
www.onb.ac.at

ニューヨーク公共図書館
米国、ニューヨーク
www.nypl.org

大英博物館閲覧室
英国、ロンドン
www.britishmuseum.org

幻想図書館
ブラジル、リオ・デ・ジャネイロ
www.realgabinete.com.br

ストラホフ修道院付属図書館
チェコ共和国、プラハ
www.strahovskyklaster.cz/library

トリニティ・カレッジ図書館（ロングルーム）
アイルランド、ダブリン
www.tcd.ie/library

ヴィブリンゲン修道院図書館
ドイツ、ウルム
www.kloster-wiblingen.de/en

写真クレジット

KEY: ***ph***= photographer, **a**=above, **b**=below, **r**=right, **l**=left, **c**=centre.

Page **1** ***ph*** Polly Wreford/the home of stylist Twig Hutchinson in London; **2** ***ph*** Polly Wreford/the Sussex home of Paula Barnes of www.elizabarnes.com; 3l © CICO Books ph Simon Brown/Tullynally, Ireland; **3c** ph Chris Tubbs/Ben Pentreath's London flat; **3r** © CICO Books ***ph*** Simon Brown/Mount Rivers; **4–5** image of Paperback shelves courtesy of Studio Parade; **6** ***ph*** Chris Everard/Simon and Coline Gillespie's home in North London, **7a** Baron von Humboldt (1769–1859) in his library (colour litho)/After Eduard Hilderbrandt/The Bridgeman Art Library/Getty Images; **7bl** © CICO Books ***ph*** Simon Brown/Stradbally Hall, Ireland; **8** ***ph*** Polly Wreford/London house by Sarah Delaney Design; **9l** ***ph*** Winfried Heinze/Trine and William Miller's home in London; **9r** ***ph*** Chris Everard/Adèle Lakhdari's home in Milan designed by Tito Canella of Canella & Achilli Architects; **10** ***ph*** Andrew Wood/Nanna Ditzel; **11** ***ph*** Debi Treloar/Sigolène Prébois of Tsé &Tsé associeés home in Paris; **12–13** ***ph*** Polly Wreford/the house of stylist and designer Ulrika Lundgren of Rika; **14** ***ph*** Debi Treloar/the home of Kristin Norris and Trevor Lunn, Philadelphia; **15l** ***ph*** Chris Everard/Yuen-Wei Chew's apartment in London designed by Paul Daly Design Studio Ltd; **15ar** ***ph*** Winfried Heinze/the Notting Hill flat of Ebba Thott from "Sigmar" in London; **15br** & **16al** ***ph*** Dan Duchars; **16ar** ***ph*** Catherine Gratwicke; **16b** ***ph*** Andrew Woods/Paul & Carolyn Morgan, Wales; **17** ***ph*** Catherine Gratwicke/architect François Muracciole's apartment in Paris; **18** ***ph*** Polly Wreford/the home in Copenhagen of designer Birgitte Raben Olrik of Raben Saloner; **19l** ***ph*** Polly Wreford/the family home of the stylist Anja Koops and chef Alain Parry in Amsterdam; **19ar** ***ph*** Debi Treloar; **19br** ***ph*** Polly Wreford/Robert Levithan Residence, New York City; **20al** ***ph*** Debi Treloar/the London home of Rebecca Hill of *French Country Living*; **20ar** ***ph*** Debi Treloar; **20b** ***ph*** Claire Richardson/Marianne Cotterill's house in London; **21a** ***ph*** Debi Treloar/Annelie Bruijn's home in Amsterdam; **21b** both ***ph*** Debi Treloar/a London apartment designed by James Soane and Christopher Ash of Project Orange; **22l** ***ph*** Polly Wreford/the home of stylist Twig Hutchinson in London; **22r** & **23** ***ph*** Jan Baldwin/Jo Berryman's home in London; **24–25** ***ph*** Debi Treloar/the home of Kristin Norris and Trevor Lunn, Philadelphia; **26–27 main** © Vitsoe; **27r** ***ph*** Alan Williams/Margot Feldman's house in New York designed by Patricia Seidman of Mullman Seidman Architects; **28l** ***ph*** Polly Wreford/Francesca Mills; **28r** ***ph*** Winfried Heinze/Florence & John Pearse's apartment in London; **29l** ***ph*** Jan Baldwin/carpentry & joinery by Martin Brown, painting by Taylors Interiors Ltd; **29r** Nook Coffee Table © David Pickett; **30** ***ph*** Jan Baldwin/Philip & Lisskulla Wagner's cottage in Sussex designed by Philip Wagner Architects; **31a** ***ph*** Polly Wreford/the Sussex home of Paula Barnes of www.elizabarnes.com; **31b** © CICO Books ***ph*** Mark Scott; **32** ***ph*** Chris Everard/Ruth Artmonsky's loft in Covent Garden; **33** ***ph*** Debi Treloar/the house of Assaï in Paris; **34l** ***ph*** Catherine Gratwicke; **34r** & **35** ***ph*** Polly Wreford/Marina Coriasco; **36** ***ph*** Andrew Wood/the home of Ellen Weiman & Dubi Silverstein in New York, designed by architects Ogawa/Depardon; **37l** ***ph*** Chris Everard/Tim & Celia Holman's house in London, designed by DIVE Architects Ltd; **37ar** ***ph*** Chris Everard/Manhattan home of designer Matthew Patrick Smyth; **37br** ***ph*** Jan Baldwin/Mona Nerenberg & Lisa Bynon, Sag Harbor; **38** ***ph*** Jan Baldwin/Cressida Granger of Mathmos' cottage in Dorset; **39** Bibliochaise by .nobody&co. srl © .nobody&co. srl; **40al** ***ph*** Catherine Gratwicke/gallery and bookshop owner, Françoise de Nobele's apartment in Paris; **40ac** & **b** ***ph*** Catherine Gratwicke/Kari Sigerson's apartment in New York; **40ar** ***ph*** Andrew Wood/Urban Salon Architects; **41** ***ph*** Andrew Wood/Jane Collins of Sixty 6 in Marylebone High Street, London; **42** © Vitsoe; **43** ***ph*** Polly Wreford/Alex White; **44** ***ph*** Claire Richardson/the home of Fiona and Woody Woodhouse in Herefordshire; **45** ***ph*** Jan Baldwin/Alfredo Paredes and Brad Goldfarb's loft in Tribeca, New York designed by Michael Neumann Architecture; **46a** image of T-shelf courtesy of and designed by J1 studio; **46b** image courtesy of Contraforma – Shelf Quad in walnut brown by Nauris Kalinauskas; **46–47** ***ph*** Paul Ryan/the home of Nils Tunebjer in Sweden; **48** both ***ph*** Chris Everard/Simon Crookall's apartment in London designed by Urban Salon; **49a** ***ph*** Debi Treloar/the restaurant "Derriere" designed and owned by the "Hazouz Brothers"; **49bl** Blockshelf © Amy Hunting; **49br** ***ph*** Winfried Heinze/a Parisian pied-a-terre designed by Marianne Pascal for an Anglo-French couple; **50** ***ph*** Debi Treloar/Katrin Arens; **51** ***ph*** Debi Treloar/the London home of Richard Moore; **52–53** ***ph*** Jan Baldwin/Chris Dyson Architects; **54** ***ph*** Simon Brown © CICO Books/Castle Dodard; **55** ***ph*** Claire Richardson/the home of Jean-Louis Fages and Matthieu Ober in Nimes; **56–57** © CICO Books ***ph*** Simon Brown/Tullynally, Ireland; **58** ***ph*** Lisa Cohen/the home in London of Abigail Ahern, www.atelierabigailahern.com; **59** ***ph*** Chris Everard/an apartment in Milan designed by Nicoletta Marazza; **60** ***ph*** Claire Richardson/Gérard and Danièlle Labre's home near Uzès in France; **61** ***ph*** Chris Everard/David Mullman's apartment in New York designed by Mullman Seidman Architects; **62** © CICO Books ***ph*** Simon Brown/Tullynally, Ireland; **63** ***ph*** Chris Tubbs/Powers house, London; **64** library staircase by Levitate Architect & Design Studio & Rodrigues Associates, Structural Engineers, image courtesy of Levitate; **65al** ***ph*** Chris Everard/designer Helen Ellery, London; **65ar** ***ph*** Debi Treloar/the London home of Tracey Boyd and Adrian Wright; **65b** ***ph*** Catherine Gratwicke; **66** ***ph*** Jan Baldwin/Jo Berryman's home in London; **67** ***ph*** Alan Williams/New York apartment designed by Bruce Bierman; **68** ***ph*** Winfried Heinze/the apartment of Yancey and Mark Richardson in New York, architecture and interior design by Steven Learner Studio. Nudes on desk by

Alvin Booth; **69** ***ph*** Andrew Wood/the home of Ellen Weiman & Dubi Silverstein in New York, designed by architects Ogawa/Depardon; **70** ***ph*** Chris Tubbs/Teresa Ginori's home near Varese-parchment lampshade by architect Roberto Gerosa; **71** ***ph*** Chris Everard/John Nicolson's house in Spitalfields, London; **72** ***ph*** Polly Wreford/designer Lisette Pleasance and Mick Shaw's home and B&B; **73** ***ph*** Polly Wreford/the home in Provençe of Carolyn Oswald; **74–75** image courtesy of Alternative Plans-Modulnova's 'My Kitchen' collection in a white gloss polymeric finish and black matt wave polymeric finish from Alternative Plans; **76** ***ph*** Chris Everard/Tim & Celia Holman's house in London, designed by DIVE Architects Ltd; **77** ***ph*** Lisa Cohen/the home in London of Abigail Ahern, www.atelierabigailahern.com; **78** image courtesy of Alternative Plans- Modulnova's 'Twenty' and 'My Kitchen' kitchen collections available from Alternative Plans; **79** ***ph*** Winfried Heinze/interior stylist Sidsel Zachariassen; **80** ***ph*** Debi Treloar/the home of Kristin Norris and Trevor Lunn, Philadelphia; **81l** ***ph*** Polly Wreford/the family home of the stylist Anja Koops and chef Alain Parry in Amsterdam; **81r** image courtesy of Contraforma – Quad shelf by Nauris Kalinauskas; **82** ***ph*** Polly Wreford/the home in Denmark of Charlotte Gueniau of RICE; **83al** ***ph*** Polly Wreford/Foster House at www.beachstudios.co.uk; **83ar** ***ph*** Polly Wreford/Paul & Claire's beach house, East Sussex, design by www.davecoote.com, location to hire through www.beachstudios.co.uk; **83bl** ***ph*** Debi Treloar/the London home of Sam Robinson, co-owner of 'The Cross' and 'Cross the Road; **84l** ***ph*** Chris Everard/John Nicolson's house in Spitalfields, London; **84–85c** ***ph*** Chris Tubbs/Powers house, London; **85r** ***ph*** Polly Wreford/the family home of Sarah and Mark Benton in Rye; **86a** ***ph*** Chris Everard/Lisa & Richard Frisch's apartment in New York designed by Patricia Seidman of Mullman Seidman Architects, interior decoration by Mariette Himes Gomez; **86b** ***ph*** Debi Treloar/John Derian's apartment in New York; **87** ***ph*** Paul Massey/all items from Cote Jardin boutique; **88** ***ph*** Chris Tubbs/Simon and Antonia Johnson's home in Somerset; **89** ***ph*** Claire Richardson/the home of Spencer and Freya Swaffer in Arundel; **90** & **91** ***ph*** Chris Everard/Yuen-Wei Chew's apartment in London designed by Paul Daly Design Studio Ltd; **92–93** both ***ph*** Andrew Wood/an original Florida home restored by Andrew Weaving of Century, www.centuryd.com; **94** ***ph*** Chris Everard/Gentucca Bini's apartment in Milan; **95l** ***ph*** Andrew Wood/Paul & Carolyn Morgan's house in Wales; **95ar** ***ph*** Polly Wreford/the family home of the stylist Anja Koops and chef Alain Parry in Amsterdam; **95br** ***ph*** Debi Treloar/design Cecilia Proserpio, furniture Katrin Arens; **96** & **97** ***ph*** Debi Treloar/the home and studio of the art & craft artist Nathalie Lete in Paris; **98** ***ph*** Polly Wreford/home of 27.12 Design Ltd., Chelsea, NYC; **99** ***ph*** Debi Treloar/family home, Bankside, London-DIVE Architects; **100l** ***ph*** Jan Baldwin/Chris Dyson Architects; **100–101** ***ph*** Debi Treloar/Marcus Hewitt and Susan Hopper's home in Litchfield County, Connecticut; **102–103** ***ph*** Debi Treloar/the family home of Nina Tolstrup and Jack Mama of www.studiomama.com; **104** © CICO Books ***ph*** Simon Brown/Higginsbrook; **105l** ***ph*** Jan Baldwin/Jane Moran's cottage in Sussex; **105r** © CICO Books ***ph*** Simon Brown/Castle Dodard; **106** ***ph*** Jan Baldwin/designer Helen Ellery's home in London; **107** ***ph*** Polly Wreford/Paul & Claire's beach house, East Sussex – design www.davecoote.com, location to hire through www.beachstudios.co.uk; **108al** ***ph*** Alan Williams/Margot Feldman's house in New York designed by Patricia Seidman of Mullman Seidman Architects; **108bl** ***ph*** Dan Duchars; **108br** ***ph*** Chris Everard/Sig.ra Venturini's apartment in Milan; **108ar** & **109** both ***ph*** Dan Duchars; **110** ***ph*** Polly Wreford/Foster House at www.beachstudios.co.uk; **111** © CICO Books ***ph*** Mark Scott; **112** ***ph*** Polly Wreford/Robert Levithan Residence, New York City; **113** ***ph*** Polly Wreford/Glenn Carwithen & Sue Miller's house in London; **114l** ***ph*** Polly Wreford/a family home in London designed by Marion Lichtig; **114r** ***ph*** Chris Everard; **115** ***ph*** Debi Treloar/Robert Elms and Christina Wilson's family home in London; **116–117** both ***ph*** Christopher Drake/Andrea Spencer's house in London; **118** ***ph*** Jan Baldwin/Jane Moran's cottage in Sussex; **119** © CICO Books ***ph*** Simon Brown/Ballytrasna; **120l** ***ph*** Catherine Gratwicke; **120r** & **121** library staircase by Levitate Architect & Design Studio & Rodrigues Associates, Structural Engineers, image courtesy of Levitate; **122** ***ph*** Polly Wreford/home of architect Reinhard Weiss & Bele Weiss in London; **123** ***ph*** Polly Wreford/Foster House at www.beachstudios.co.uk; **124** ***ph*** Jan Baldwin/designer Helen Ellery's home in London; **125** ***ph*** Polly Wreford/Robert Levithan Residence, New York City; **126–127** ***ph*** Chris Tubbs/Giorgio & Ilaria Miani's Podere Buon Riposo in Val d'Orcia (available to rent); **127r** ***ph*** Chris Everard/an apartment in Milan designed by Nicoletta Marazza; **128** ***ph*** Polly Wreford/Paul & Claire's beach house, East Sussex, design by www.davecoote.com, location to hire through www.beachstudios.co.uk; **129** ***ph*** Winfried Heinze; **130** ***ph*** Chris Everard/an actor's London home designed by Site Specific; **131** ***ph*** Christopher Drake/Dick & Vanessa Cooper' s house in London designed by Eger Architects; **132–133** ***ph*** Chris Everard/Tim & Celia Holman's house in London, designed by DIVE Architects Ltd; **134** ph Winfried Heinze/Josephine Ryan's house in London; **135** 'A tree becomes a book becomes a tree' © Shawn Soh; **136l** ***ph*** Winfried Heinze/Josephine Ryan's house in London; **136l** ***ph*** Winfried Heinze/a family home in Brighton; **137** ***ph*** Winfried Heinze/family house designed by Henri Fitzwilliam-Lay; **138l** ***ph*** Winfried Heinze; **138r** ***ph*** Debi Treloar/Katrin Arens; **139** ***ph*** Debi Treloar/Sudi Pigott's house in London; **140l** ***ph*** Polly Wreford/the family home of Elisabeth and Scott Wotherspoon, owners of Wickle in Lewes, www.wickle.co.uk; **140r** ***ph*** Winfried Heinze/a family home in North London designed by Sally Mackereth of Wells Mackereth Architects; **141** ***ph*** Debi Treloar/Victoria Andreae's house in London; **142–143** main ***ph*** Debi Treloar/new build house in Notting Hill designed by Seth Stein Architects; **143r** ***ph*** Debi Treloar; **144 & 145l** ***ph*** Winfried Heinze/Madame Sera Hersham-Loftus's home; **145r** ***ph*** Winfried Heinze/the home of Ben Johns and Deb Waterman Johns; **146–147** ***ph*** Winfried Heinze/Dr Alex Sherman and Ms Ivy Baer Sherman's residence in New York City – Mullman Seidman Architects.

本書で作品・商品を紹介した建築家、アーティスト、デザイナー、企業

27.12 デザインLtd
333 Hudson Street
10th Floor
New York, NY 10014
+1 212 727 8169
2712design.com
p.98

オルタナティブ・プランズ
4 Hester Road
London SW11 4AN
+44 (0)20 3375 2468
www.alternative-plans.co.uk
p.74–75, 78

エイミー・ハンティング
+44 (0)7501 821218
www.amyhunting.com
hello@amyhunting.com
p.49 左下

アーニャ・クープス
ファッション&
インテリアスタイリング
Anjakoops@hetnet.nl
and
アレイン・パリーのレストラン
www.balthazarskeuken.nl
p.19 左, *81* 左, *95* 右上

アネリー・ブラン
+31 653 702869
Annelie_bruijn@email.com
p.21 上

アンソロポロジー
www.anthropologie.com
p.14, 24–25, 80

アトリエ・アビゲイル・アハーン
137 Upper Street
Islington
London N1 1QP
+44 (0)20 7354 8181
www.atelierabigailahern.com
contact@atelierbypost.com
p.58, 77

アトランタ・バートレット
www.atlantabartlett.com
p.83 左上, *83* 右上, *107, 110, 123, 128*

ビーチ・ステュディオス
www.beachstudios.co.uk
p.83 左上, *83* 右上, *107, 110, 123, 128*

ベン・ジョーンズCEO
Scout Ltd
(bags and floor coverings)
1055 Thomas Jefferson Street NW
Washington DC 20007
+1 202 944 9590
ben@bungalowco.com
p.145 右

ベン・ペントリース Ltd
17 Rugby Street
Bloomsbury
London WC1N 3QT
+44 (0)20 7430 2526
www.benpentreath.com
info@benpentreath.com
p.3 中央

ベクソン・ウッドハウス・クリエイティブ
www.bexonwoodhouse.com
p.44

バージット・レイベン・オルリック
www.rabenssaloner.com
p.18

ブルーム
43 Madison Street
Sag Harbor, NY 11963
+1 631 725 5940
p.37 右下

ブルース・ビアマン・デザインInc
29 West 15th Street
New York, NY 10011
+1 212 243 1935
www.biermandesign.com
info@biermandesign.com
p.67

カネラ&アキーリ・アルキテッティ
Via Revere 9
20123 Milano
Italy
+39 0 24 69 52 22
www.canella-achilli.com
info@canella-achilli.com
p.9 右

セシール・ダラディエ・アーティスト&ニコラス・スリエ
assai@free.fr
p.33

セシリア・プロゼルピオ
cecilia.proserpio@fastwebnet.it
p.95 右下

センチュリー・デザイン
68 Marylebone High Street
London W1M 3AQ
www.centuryd.com
modern@centuryd.com
p.92–93

クリス・ダイソン・アーキテクツ
11 Princelet Street
Spitalfields
London E1 6QH
p.52–53, 100 左

クリスティーナ・ウィルソン
www.christinawilson.co.uk
p.115

コントラフォルマ
Shelf Quad by Nauris Kalinauskas
Contra Design House
Shevcenkos str 16A,
Vilnius 03111
Lithuania
+37 0 690 17000
www.contraforma.com
p.81 右

コート・ジャルダン
Place du Marche
17590 Ars En Re
France
p.87

デイヴ・クート・デザイン
www.davecoote.com
p.83 右上, *107, 128*

デイヴィッド・ピケット
+1 440 420 9074
www.david-pickett.com
dpickett@student.cia.edu
p.29 右

デブ・ウォーターマン・ジョーンズ
Get Dressed Wardrobe and Home & Fifi
1633 29th Street NW
Washington DC 20007
+1 202 625 6425
deb@dogbunny.com
p.145 右

ドゥリエール
69 rue des Gravilliers
75003 Paris
France
+33 (0)1 44 61 91 95
p.49 上

ダイヴ・アーキテクツ・AB
Gästrikegatan 20
S-113 62 Stockholm
Sweden
+46 8 33 10 30
www.divearchitects.com
mail@divearchitects.com
p.37 左, *76, 99, 132–133*

エガー・アーキテクツ
Architects & Landscape Architects
2 D'Eynsford Road
London SE5 7EB
+44 (0)20 7701 6771
www.egerarchitects.com
design@egerarchitects.com
p.131

エリザ・バーンズ・アーキテクチュアル・サルベージ&デザイン
+44 (0)7977 234896
www.elizabarnes.com
p.2, 31 上

フランセスカ・ミルズ
www.francescamills.com
p.28 左

フランソワ・ミュラシオル
Architect
francois@fmuracciole.com
www.fmuracciole.com
p.17

フレンチ・カントリー・リビング
f.c.l.com@wanadoo.fr
+44 (0)7770 520371
www.frenchcountryliving antiques.com
p.20 左上

ガルリ・ド・ノベル
2 rue de Bourbon le Château
75006 Paris
France
p.40 左上

ジェラルド・アンド・ダニエル・ラブレ
2 boulevard Alliés
30700 Uzès
France
+33 (0)6 20 69 70 32
glabre@orange.fr
p.60

ヘレン・エラリー
I Love Home
Interiors and stylist
helen@helenellery.com
helene@i-love-home.co.uk
p.65 左上, *106, 124*

ヘンリ・フィッツウィリアム=レイ Ltd
+44 (0)7968 948053
hfitz@hotmail.com
p.137

イラリア・ミアーニ
Shop
Via Monserrato 35
00186 Roma
Italy
+39 0668 33160
www.ilariamiani.it
ilariamiani@tin.it
p.126–127

J1スタジオ
Jaewon Cho
www.j1studio.com
info@j1studio.com

ジャン=ルイ・ファージュ
Antiquites – Décoration (Nimes) Sarl Interieur Ganache
3 Place du Marché
30000 Nimes
France
+33 (0)4 66 27 38 23
matao11@hotmail.fr
p.55

ジョー・ベリーマン
Interior/events design and styling
www.matrushka.co.uk
p.22 右, *23, 66*

ジョン・デリアン
Store
6 East 2nd Street
New York, NY 10003
+1 212 677 3917
www.johnderian.com
p.86 下

ジョン・ニコルソン
House available to hire as a location at:
johnnynicolson@aol.com
p.71, 84 左

ジョン・ピアース、テイラー
6 Meard Street
London W1F OEG
+44 (0)20 7434 0738
jp@johnpearse .co.uk
www.johnpearse.co.uk
p.28 右

ジョセフィン・ライアン
www.josephineryanantiques.co.uk
p.134, 136 左

ジャッドストリート・ギャラリー
www.juddstreetgallery.com
p.63, 84–85 中央

カトリン・アレンス
www.katrinarens.it
info@katrinarens.it
p.50, 95 右下 *138* 右

クリスティン・ノリス&トレヴァー・ラン
Managing Director of BHLDN
www.BHLDN.com
Executive Creative Director of Anthropologie
www.anthroplogie.com
p.14, 24–25, 80

レヴィテイト
Architecture and design studio limited
161 Roseberry Avenue
London EC1R 4QX
+44 (0)20 7833 4455
www.levitate.uk.com
studio@levitate.uk.com
p.64, 120 右, *121*

リセット・プレザンス
Boonshill Farm B&B
Nr Rye
East Sussex TN31 7QA
www.boonshillfarm.co.uk
p.72

マリアン・コッテリル
www.mariannecotterill.com
p.20 下

マリアンヌ・パスカル・アルシテクトD.P.L.G
85 rue Albert
75013 Paris
France
+33 (0)1 45 86 60 01
www.mariannepascal.com
p.49 右下

マリエット・ハイムズ・ゴメズ
www.gomezassociates.com
p.86 上

マリオン・リチティグ
+44 (0)20 8458 6658
www.marionlichtig.co.uk
marionlichtig@hotmail.co.uk
p.114 左

マーティン・ブラウン
+44 (0)20 7834 6747
p.29 左

マスモス
+44 (0)20 7549 2700
www.mathmos.com
p.38

マシュー・パトリック・スミス Inc.
136 East 57th Street
Suite 1700
New York, NY 10022
+1 212 333 5353
matthewsmyth.com
p.37 右上

マイケル・ニューマン・アーキテクチュア
11 East 88th Street
New York, NY 10128
+ 1 212 828 0407
www.mnarch.com
p.45

マルマン・シードマン・アーキテクツ
137 Varick Street
New York, NY 10013
+1 212 431 0770
www.mullmanseidman.com
p.27 右, *61, 86* 上, *108* 左上, *146–147*

ナナ・ディッツェル・デザインA/S
www.nanna-ditzel-design.dk
p.10

ナタリー・レテ
www.nathalie-lete.com
p.96, 97

ニコレッタ・マラッツァ
Via G. Morone, 8
20121 Milan
Italy
+39 2 7601 4482
p.59, 127 右

ニーナ・トルストラップ
STUDIOMAMA
www.studiomama.com
p.102–103

ノーバディ& co.srl
via Camperio, 9
20123 Milan
Italy
www.nobodyandco.com
p.39

ノナー!
mobilier
par nature
www.nonah.fr
bonjour@nonah.fr
+33 (0)9 70 44 07 80

オガワ/デパードン・アーキテクツ
Architect: Gilles Depardon
69 Mercer Street
2nd Floor
New York, NY 10012
+1 212 627 7390
www.oda-ny.com
info@oda-ny.com
p.36, 69

ポール・デイリー・デザイン・スタジオ Ltd
11 Hoxton Square
London N1 6NU
+44 (0)20 7613 4855
www.pauldaly.com
studio@pauldaly.com
p.15 左, *90, 91*

フィリップ・ワーグナー・アーキテクツ
Architecture Planning
Interior Design
5 Ladbroke Road
London W11 3PA
+44 (0)20 7221 3219
www.philipwagner.co.uk
mailbox@philipwagner.co.uk
p.30

プロジェクト・オレンジ
+44 (0)20 7566 0410
www.projectorange.com
p.21 右下, 左下

レインハード・ワイス
3s Architects LLP
47 High Street
Kingston upon Thames
Surry KT1 1LQ
+44 (0)20 8549 2000
www.3sarchitects.com
reinhard.weiss@3sarchitects.com
p.122

RL デザイン
+1 212 741 9762
www.robertlevithan.com
rlevithan@earthlink.net
p.19 右下, *112, 125*

ライス
www.rice.dk
p.82

リチャード・ムーア
Creative Consultant to the Retail Industry
Scenographic
+44 (0)7958 740045
www.scenographic.blogspot.com
p.51

ロロ・コンテンポラリー・アート
17 Compton Terrace
London N1 2UN
+44 (0)20 7493 8383
www.rolloart.com
p.6

サラ・ベントン
Lion Street Store
A Design led Family Store
No.6 Lion Street
Rye
East Sussex TN31 7NB
+44 (0)7921 709217
p.85 右

サラ・ディレイニー・デザイン
+44 (0)20 7221 2010
www.sarahdelaneydesign.co.uk
info@sarahdelaneydesign.co.uk
p.8

セラ・ハーシャム=ロフタス
www.seraoflondon.com
p.144, 145 左

セス・スタイン・アーキテクツ
15 Grand Union Centre
West Row
Ladbroke Grove
London W10 5AS
+44 (0)20 8968 8581
www.sethstein.com
p.142

ショーン・ソー
www.designartist.co.kr
shawnsoh@naver.com
p.135

スィセル・サカリーアスン
Stenderupgade 1 1tv
1738 Copenhagen V
Denmark
www.sidselz.dk
p.79

シグマー
263 Kings Road
London SW3 5EL
+44 (0)20 7751 5802
www.sigmarlondon.com
p.15 右上

サイレンス
Creative research design consultancy
+44 (0)1273 299231
www.silence.co.uk
p.136 左

サイト・スペシフィック Ltd
305 Curtain House
134–146 Curtain Road
London EC2A 3AR
+44 (0)20 7689 3200
www.sitespecificltd.co.uk
office@sitespecificltd.co.uk
p.130

シックスティ6
66 Marylebone High Street, Marylebone
London W1U 5JF
+44 (0)20 7224 6066
p.41

スペンサー・スワッファー・アンティークス
30 High Street
Arundel
West Sussex BN18 9AB
+44 (0)1903 882132
www.spencerswaffer.com
p.89

スティーヴン・ラーナー・スタジオ
307 7th Avenue
Room 2201
New York, NY 10001
www.stevenlearnerstudio.com/index.htm
studio@stevenlearnerstudio.com
p.68

〈スタジオパレード〉ポーリエン・ベレンドセン&エリック・スロート
L. van Veghelstraat 25
5212 AD 's-Hertogenbosch
Netherlands
+31 (0)73 6123707
www.studioparade.nl
contact@studioparade.nl
p.4–5

スタジオ・ロデリック・フォス
Postbus 31
5256 ZG
Heusden Vesting
Netherlands
+31 (0)416 666222
www.rodericksvosshop.nl
roderick@roderickvosshop.nl
p.4–5

テイラーズ・インテリアズ Ltd
+44 (0)20 7730 3000
p.29 左

テレサ・ジノリ
Teresa.ginori@aliceposta.it
p.70

ザ・クロス・アンド・クロス・ザ・ロード
141 Portland Road
London W11 4LR
+44 (0)20 7727 6760
p.83 左下

トレーシー・ボイド
www.traceyboyd.com
p.65 右上

ツェ&ツェ・アソシエ
Catherine Lévy & Sigolène Prébois
www.tse-tse.com
p.11

ツイッグ・ハチソン
www.twighutchinson.com
p.1, 22 左

ウルリカ・ラングレン
Rikaint B.V.
Oude Spiegelstraat 9
1016 BM Amsterdam
Netherlands
+31 20 33 01112
www.rikaint.com
rika_sales@mac.com
p.12–13

アーバン・サロン Ltd
Unit A&D
Flat Iron Yard
Ayres Street
London SE1 1ES
+44 (0)20 7357 8800
www.urbansalonarchitects.com
mail@urbansalonarchitects.com
p.40 右上, *48* 両方

ヴィツゥ
shops:
3–5 Duke Street, London W1U 3ED
+ 44 (0)20 7428 1606
and
33 Bond Street
New York, NY 10012
www.vitsoe.com
p.26–27, 42

ウェルズ・マッケレス・アーキテクツ
5E Shepherd Street
Mayfair
London W1J 7HP
+44 (0)20 7495 7055
www.wellsmackereth.com
p.140 右

ウィックル
24 High Street
Lewes
East Sussex BN7 2LU
+44 (0)1273 487969
www.wickle.co.uk
p.140 左

ヤンシー・リチャードソン・ギャラリー
535 West 22nd Street
New York, NY 10011
www.yanceyrichardson.com
p.68

索引

イタリック体のページ番号はキャプション。

な

は

ま

や

ら

サイクルペディア 自転車事典

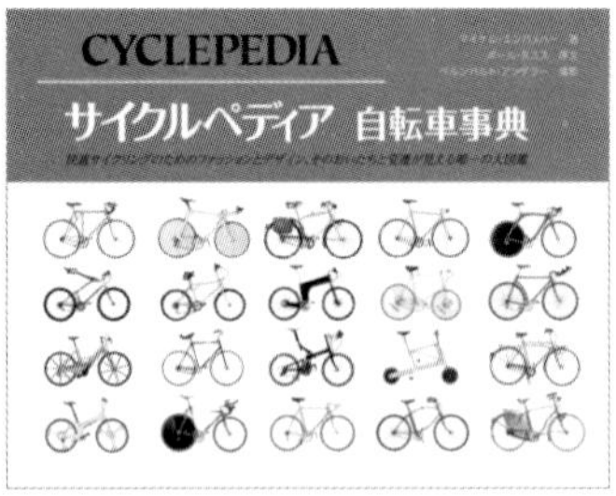

本体価格 2,800円

マイケル・エンバッハー 著

無類の自転車愛好家が自身のコレクションから厳選した、世界中の名車や希少な100台。ディテールにまでこだわった写真は秀逸。優れた機能と技術、こだわりのデザインが見える写真図鑑。

地図で見る図鑑 世界のワイン

本体価格 12,000円

ヒュー・ジョンソン、ジャンシス・ロビンソン 著
山本 博 監訳

世界中で愛読されているワインのバイブル『The World Atlas of Wine』第6版。激動期を経て塗り替えられた最新のワイン情勢をあますところなく収録。この1冊でワインのすべてが分かる。

BOOKS MAKE A HOME
素敵な蔵書と本棚

発　　行 2012年8月20日
発 行 者 平野 陽三
発 行 元 ガイアブックス
〒169-0074 東京都新宿区北新宿3-14-8
TEL.03(3366)1411 FAX.03(3366)3503
http://www.gaiajapan.co.jp
発 売 元 産調出版株式会社

ISBN978-4-88282-842-6 C0052

Printed in China

著 者：ダミアン・トンプソン
(Damian Thompson)
書籍編集者。『ザ・ワールド・オブ・インテリア』誌副編集長。熱心な読書家で、ディケンズの全作品を年代順に読破しようと目論んでいるが、幼い子どもたちの世話に追われて停滞気味。自分に活を入れようと読書クラブに参加したものの、小説ならだいたい月1冊のペースをかろうじて保っているのが現状。

翻訳者：田中 敦子 (たなか あつこ)
翻訳家。大阪大学文学部美学科卒業。フィクションからノンフィクションまで幅広いジャンルを手がける。訳書に『ガラスの家』『New住まいのライティング』(いずれも産調出版)、『デニム・バイブル』(ブルースインターアクションズ)など多数。